Denis Diderot

Salon de 1763

Le savoir en poche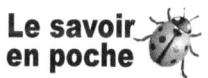

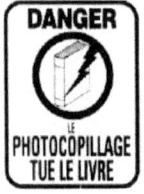
ISBN : 978-1546937838

10 9 8 7 6 5 4 3 2 1

Denis Diderot

Salon de 1763

Le savoir
en poche
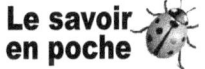

Table de Matières

Salon de 1763

À MON AMI MONSIEUR GRIMM.

Bénie soit à jamais la mémoire de celui qui, en instituant cette exposition publique de tableaux, excita l'émulation entre les artistes, prépara à tous les ordres de la société, et surtout aux hommes de goût, un exercice utile et une récréation douce, recula parmi nous la décadence de la peinture, et de plus de cent ans peut-être, et rendit la nation plus instruite et plus difficile en ce genre !

C'est le génie d'un seul qui perfectionne les artistes. Pourquoi les anciens eurent-ils de si grands peintres et de si grands sculpteurs ? C'est que les récompenses et les honneurs éveillèrent les talents, et que le peuple, accoutumé à regarder la nature et à comparer les productions des arts, fut un juge redoutable. Pourquoi de si grands musiciens ? C'est que la musique faisait partie de l'éducation générale : on présentait une lyre à tout enfant bien né. Pourquoi de si grands poëtes ? C'est qu'il y avait des combats de poésie et des couronnes pour le vainqueur. Qu'on institue parmi nous les mêmes luttes, qu'il soit permis d'espérer les mêmes honneurs et les mêmes récompenses, et bientôt nous verrons les beaux-arts s'avancer rapidement à la perfection. J'en excepte l'éloquence : la véritable éloquence ne se montrera qu'au milieu des grands intérêts publics. Il faut que l'art de la parole promette à l'orateur les premières dignités de l'État ; sans cette attente, l'esprit, occupé de sujets imaginaires et donnés, ne s'échauffera jamais d'un feu réel, d'une chaleur profonde, et l'on n'aura que des rhéteurs. Pour bien dire, il faut être tribun du peuple ou pouvoir devenir consul. Après la perte de la liberté, plus d'orateurs ni dans Athènes ni dans Rome ; les déclamateurs parurent en même temps que les tyrans.

Après avoir payé ce léger tribut à celui qui institua le Salon, venons à la description que vous m'en demandez.

Pour décrire un Salon à mon gré et au vôtre, savez-vous, mon ami, ce qu'il faudrait avoir ? Toutes les sortes de goût, un cœur sensible à tous les charmes, une âme susceptible d'une infinité d'enthousiasmes différents, une variété de style qui répondît à la variété des pinceaux ; pouvoir être grand ou voluptueux avec Deshays, simple et vrai avec Chardin, délicat avec Vien, pathétique avec Greuze, produire toutes les illusions possibles avec Vernet ; et dites-moi où est ce Vertumne-là ? Il faudrait aller jusque sur le bord du lac Léman pour le trouver peut-être.

Encore si l'on avait devant soi le tableau dont on écrit ; mais il est loin, et tandis que la tête appuyée sur les mains ou les yeux égarés en l'air on en recherche la composition, l'esprit se fatigue, et l'on ne trace plus que des lignes insipides et froides. Mais j'en serai quitte pour faire de mon mieux et vous redire ma vieille chanson :

HORAT

Je vous parlerai des tableaux exposés cette année à mesure que le livret, qu'on distribue à la porte du Salon, me les offrira. Peut-être y aurait-il quelque ordre sous lequel on pourrait les ranger ; mais je ne vois pas nettement ce travail compensé par ses avantages.

PEINTURE.

CARLE VAN LOO

Il y a deux tableaux de ce maître : on voit, dans l'un, *les Grâces enchaînées par l'Amour* ; dans l'autre, *l'Aîné des Amours qui fait faire l'exercice à ses cadets. Eheu, quantum mutatus ab illo !*

2. LES GRÂCES ENCHAÎNÉES PAR L'AMOUR. [1]

C'est un grand tableau de 7 pieds 6 pouces de haut sur 6 pieds 3 pouces de large.

Les trois Grâces l'occupent presque tout entier. Celle qui est à droite du spectateur se voit par le dos ; celle du milieu, de face ; la troisième de profil. Un Amour élevé sur la pointe du pied, placé entre ces deux dernières et tournant le dos au spectateur, conduit de la main une guirlande qui passe sur les fesses de celle qu'on voit par le dos, et va cacher, en remontant, les parties naturelles de celle qui se présente de face.

Ah ! mon ami, quelle guirlande ! quel Amour ! quelles Grâces ! Il me semble que la jeunesse, l'innocence, la gaieté, la légèreté, la mollesse, un peu de tendre volupté, devaient former leur caractère ; c'est ainsi que le bon Homère les imagina et que la tradition poétique nous les a transmises. Celles de Van Loo sont si lourdes, mais si lourdes ! L'une est d'un noir jaunâtre ; c'est le gros embonpoint d'une servante d'hôtellerie et le teint d'une fille qui a les pâles couleurs. Les brunes piquantes comme nous en connaissons ont les chairs fermes et blanches, mais d'une blancheur sans transparence et sans éclat ; c'est là ce qui les distingue des blondes dont la peau fine, laissant quelquefois apercevoir les veines éparses en filets déliés et se teignant du fluide qui y circule, en reçoit en quelques endroits une nuance bleuâtre. Où est le temps où mes lèvres suivaient sur la gorge de celle que j'aimais ces traces légères qui partaient des côtés d'une touffe de lis et qui allaient se perdre vers un bouton de rose ? Le peintre n'a pas connu ces beautés. Celle des Grâces qui occupe le milieu de sa composition et qu'on voit de face, a les cheveux châtains : ses chairs, son teint, devraient donc participer de la brune et de la blonde ; voilà les éléments de l'art. C'est une longue figure soutenue sur deux longues jambes fluettes. La blonde et la plus jeune, qui est à gauche, est vraiment informe. On sait bien que les contours sont doux dans les femmes, qu'on y discerne à peine les muscles et que toutes leurs formes s'arrondissent ; mais elles ne sont pas rondes et sans inégalité. Un œil expérimenté reconnaîtra dans la femme du plus bel embonpoint les traces des muscles du corps de l'homme ; ces parties sont seulement plus coulantes dans la femme, et leurs limites plus fondues. Au lieu de cette taille élégante et légère qui convenait à son âge, cette Grâce est tout d'une venue. Sans s'entendre beaucoup en proportions, on est choqué du peu de distance de la hanche au-dessous du bras ; mais je ne sais pourquoi je dis de la hanche, car elle n'a point de hanche. La posture de l'Amour est désagréable. Et cette guirlande, pourquoi va-t-elle chercher si bêtement les parties que la pudeur ordonne de voiler ? Pourquoi les cache-t-elle si scrupuleusement ? Avec un peu de délicatesse, le peintre eût senti qu'elle manquait son but, si je le devine. Une figure toute nue n'est point indécente. Placez un linge entre la main de la Vénus de Médicis et la partie de son corps que cette main veut me dérober, et vous aurez fait d'une Vénus pudique une Vénus lascive, à moins que ce linge ne descende jusqu'aux pieds de la figure.

Que vous dirai-je de la couleur générale de ce morceau ? On l'a voulue forte, sans doute, et on l'a faite insupportable. Le ciel est dur ; les terrasses sont d'un vert comme il n'y en a que là. L'artiste peut se vanter de posséder le secret de faire d'une couleur qui est d'elle-même si douce, que la nature qui a réservé le bleu pour les cieux en a tissu le manteau de la terre au printemps, d'en faire, dis-je, une couleur à aveugler, si elle était dans nos campagnes aussi forte que dans son tableau. Vous savez que je n'exagère point, et je défie la meilleure vue de soutenir ce coloris un demi-quart d'heure. Je vous dirai des *Grâces* de Van Loo ce que je vous disais il y a quatre ans de sa *Médée* : c'est un chef-d'œuvre de teinture, et je ne pense pas que l'éloge d'un bon teinturier serait celui d'un bon coloriste.

Avec tous ces défauts, je ne serais point étonné qu'un peintre me dît : « Le bel éloge que je ferais de toutes les beautés qui sont dans ce tableau et que vous n'y voyez pas !… » C'est qu'il y a tant de choses qui tiennent au technique et dont il est impossible de juger, sans avoir eu quelque temps le pouce passé dans la palette !

1. L'AÎNÉ DES AMOURS QUI FAIT FAIRE L'EXERCICE À SES CADETS.

C'est un petit tableau de 3 pieds 8 pouces de large sur 2 pieds 7 pouces de haut [2].

Qui ne croirait, sur le sujet, qu'il est rempli de variété et de mouvement, que des Amours les uns s'exercent à percer un cœur de flèches, les autres à s'élancer comme des traits, à voler avec vitesse et légèreté, à dérober un baiser, à déranger un mouchoir, à relever un jupon, à donner le croc-en-jambe à une bergère, à tromper un mari jaloux, à rendre adroitement un billet, à grimper à des fenêtres, à séduire une surveillante, etc. ? Car voilà, ce me semble, la vraie gymnastique de Cythère, l'éducation que Vénus donne à ses enfants. Ici rien de tout cela. Ce sont des marmousets roides et droits, plantés en ligne, armés de fusils et de baïonnettes avec la cartouche et le baudrier, tournant à droite et à gauche à la voix et au geste d'un de leurs frères. Je voudrais bien savoir quel sens, quel esprit il y a dans cette idée. Carle Van Loo est un bon homme, et certainement cette platitude ne lui est pas venue ; c'est quelque insipide littérateur ou quelque prétendu connaisseur qui la lui aura suggérée. Nos artistes sont fatigués dans leurs ateliers d'une vermine présomptueuse qu'on appelle des *amateurs*, et cette vermine nuit beaucoup à leurs travaux.

La couleur de ce morceau est aussi dure que l'idée en est maussade. On a versé crûment sur un espace de quatre pieds toutes les vessies d'un marchand de couleurs. Point d'air, point de repos. Un amas confus de petites figures pressées, toutes pareilles d'ajustement, de position et de physionomie. Ce rare morceau est pour M. de Marigny. Qu'en pensez-vous, mon ami, cela ne figurera-t-il pas bien à côté des *Fiançailles* de Greuze et de ce joli polisson [3] de Drouais ? Si un homme qui fait bien aujourd'hui et mal demain est un homme sans caractère ou sans principes, que faut-il dire du goût de celui qui associe dans un même cabinet des choses si disparates ?

Cependant cet Amour qui commande à ses cadets est peint à merveille ; sa draperie blanche est d'une touche légère. Placé à peu près au centre du tableau, il y domine bien. Et ces trois Amours qui arrivent d'en haut à tire-d'aile, sont d'une légèreté surprenante et d'une couleur douce.

Mais, encore une fois, ceux qui font l'exercice se ressemblent trop. Ils ont des fusils énormes pour eux. Leurs bras et leurs jambes sont raides et minces.

Ce n'est pas sans peine que l'artiste a rendu sa terrasse d'un vert aussi dur. L'ensemble est discordant ; c'est le mauvais effet de couleurs qui tranchent et ne participent point les unes des autres. Cela sent la palette. Ajoutez à cela, si vous voulez, que cet Amour placé sur le devant et qui se chausse est isolé et mal dessiné. Un peintre sent un vide dans sa composition, il imagine que, pour le remplir, il n'y a qu'à y placer un objet. — Bien imaginé !

RESTOUT.

3. ORPHÉE DESCENDU AUX ENFERS POUR DEMANDER EURYDICE.

Quel sujet pour un poëte et pour un peintre ! qu'il exige de génie et d'enthousiasme ! Ah ! mon ami, qui est-ce qui trouvera la vraie figure d'Eurydice ? et celle d'Orphée promenant ses doigts sur sa lyre et suspendant par ses accords harmonieux le travail des Danaïdes, le rocher de Sisyphe, la roue d'Ixion, les eaux du Cocyte ; récréant les serpents sur la tête des Euménides ; attirant Cerbère qui vient lui lécher les pieds, répandant un rayon de sérénité sur le front sévère du monarque souterrain ; arrachant l'urne fatale des mains de l'inflexible Rhadamante et arrêtant les fuseaux des Parques, qui en ont oublié de filer ? Telle fut l'apparition du chantre de la Thrace aux enfers au moment où ses accents interrompirent le silence éternel et percèrent la nuit du Tartare. Mais le peintre en a choisi un autre. Pluton va prononcer, et l'époux redevenir possesseur de sa moitié.

La composition est grande, belle et une. On voit en haut Pluton assis sur son trône ; Proserpine est à côté de lui. Au-dessous, à droite, deux des juges infernaux. Plus bas, Orphée, et Eurydice conduite par le Temps. Sur le devant, au-dessous du trône de Pluton, les portes sombres du Ténare ; à côté de ces portes, les trois Parques. Au-dessus des Parques et au-dessous de Pluton, le troisième juge. Voyez-vous comme tous ces objets se tiennent et s'enchaînent ?

Et ce Temps revenu sur ses pas pour rendre Eurydice à la vie et à son époux, n'est-il pas d'une belle poésie ?

Et cette Parque se refusant à la tâche inusitée de renouer son fil, est-ce une idée indigne de Virgile ? Pensez donc, mon ami, que l'artiste l'a trouvée à quatre-vingts ans.

Si son Pluton et sa Proserpine sont mesquins, n'ont rien de majestueux et de redoutable ; si son Eurydice est niaise ; si ses juges infernaux ont un faux air d'apôtres ; si son Orphée est plus froid qu'un ménétrier de village qui suit une noce pour un écu ; si ses Parques sont tournées à la française, il faut le lui pardonner ; le sujet était trop fort pour son âge.

N'est-ce pas assez que dans l'harmonie générale, dans la distribution des groupes, dans la liaison des parties de la composition on reconnaisse encore le grand maître ?

Ce Pluton et cette Proserpine sont pauvres, d'accord ; mais l'obscurité qui les environne est bien imaginée et bien faite.

La couleur du tout est faible ; mais les reflets de lumière sont bien entendus.

La tête d'Eurydice est sotte, ses pieds et ses mains sont mal dessinés ; mais la couleur de toute la figure fait plaisir.

Les pieds et les mains des autres figures sont assez mal dessinés ; mais qui est-ce qui se donne aujourd'hui la peine de finir ces parties ? Ce sont des détails qu'on renvoie aux écoliers.

Ses Parques sont un peu françaises ; mais l'attitude en est variée, et elles ne sont pas sans caractère.

Convenez, mon ami, qu'on a prononcé un peu légèrement sur le mérite de ce morceau. Retournez au Salon, et vous éprouverez comme moi qu'on le revoit avec plus de satisfaction qu'on ne l'a vu. Cet homme est encore un aigle en comparaison de Pierre et de beaucoup d'autres.

Cette composition a 17 pieds 8 pouces de large sur 11 pieds de haut. Ce n'est point une petite machine [4].

4. LE REPAS DONNÉ PAR ASSUÉRUS AUX GRANDS DE SON ROYAUME [5]

C'est une autre composition de 16 pieds 6 pouces de large sur 9 pieds de haut.

Ce n'est pas un repas, le peintre a mal dit : c'est un grand couvert qui attend des convives. On n'aperçoit à droite et à gauche que quelques subalternes occupés à servir. La table cache les personnages importants ; on aperçoit seulement vers le fond quelques sommets de têtes.

Si dans un tableau ce qui occupe le plus d'espace remplit le milieu, arrête l'œil et se montre uniquement en est le sujet principal, la table a ici tous ces caractères.

Du reste, même faiblesse de couleur. La forme bizarre du tableau peut avoir forcé la composition, ou bien le peintre a été fort sage de cacher des figures qu'il n'était plus en état de peindre.

5. L'ÉVANOUISSEMENT D'ESTHER.

Tableau de 7 pieds 7 pouces de haut sur 9 pieds de large.

Il faut être bien hardi pour tenter ce sujet après le Poussin. Dans le tableau du Poussin, que j'ai sous les yeux, Assuérus à gauche est assis sur son trône ; il a l'air d'un Jupiter Olympien, tant il est simple et majestueux ; son front est couvert d'une bandelette. Il faut voir comme il est coiffé et drapé ; comme sa main est naturellement posée sur sa baguette ; comme il regarde la douleur d'Esther, comme il en est pénétré. Il est entouré de quelques-uns de ses ministres qui ont à la vérité l'air rustique ; ce caractère déplaît fort à nos artistes modernes, dont l'imagination, captivée par des idées de dignité du XVIIIe siècle, ne remonta jamais dans l'antiquité ; mais cela me plaît à moi. Quel groupe que celui d'Esther et de ces femmes qui la secourent ! L'une, placée derrière elle, la soutient sous les bras ; une autre l'appuie de côté ; une troisième raffermit ses genoux. Comme ces figures sont agencées ! C'est certainement une des plus belles choses que je connaisse. La belle douleur que celle d'Esther ! La noblesse et la simplicité se remarquent jusque dans le trône du monarque et l'estrade sur laquelle il est élevé. Le fond du salon est percé de niches qui font sans doute un bel effet en peinture, mais qui en font un mauvais en gravure, parce qu'on n'y distingue pas assez les statues qui les remplissent des personnages intéressés à la scène.

Je fais ici comme Pindare, qui chantait les dieux de la patrie quand il n'avait rien à dire de son héros. Dans le tableau de Restout une seule femme soutient Esther. Esther a l'air moribond. Le monarque descendu de son trône la touche froidement du bout de son sceptre. C'est ainsi que les monarques d'Asie rassuraient ceux qui osaient se présenter devant eux sans être appelés.

Il s'agit bien de toucher de son sceptre une femme charmante, adorée et qui se meurt de douleur ! Si c'est là le rôle d'un souverain en pareil cas, les souverains sont de pauvres amoureux. Pour moi, qui ne règne par bonheur que sur le cœur de Sophie, si elle se présentait à mes yeux dans cet état, que ne deviendrais-je pas ? Comme je serais éperdu ! Quels cris je pousserais ! Malheur à ceux qui ne seconderaient pas à mon gré mon inquiétude. « Belle Sophie, qui est le malheureux qui vous a causé de la peine ? Il le payera de sa tête. Revenez à la vie ; rassurez-vous… Ah ! je vois vos yeux se rouvrir ; je respire… » L'insensible et froid monarque ne dit pas un mot de tout cela. Ah ! je ne veux pas régner, j'aime mieux aimer à mon gré.

Même faiblesse de composition, de couleur et de caractères. Un des bons amis de ce vieillard devrait lui dire à l'oreille :

HORAT.

Monsieur Restout, souffrez que je sois cet ami-là.

LOUIS-MICHEL VAN LOO.

Ce peintre était attaché à la cour d'Espagne ; j'ignore pourquoi il n'y est plus, mais il est certain que c'est un grand artiste.

7. LE PORTRAIT DE L'AUTEUR, ACCOMPAGNÉ DE SA SŒUR ET TRAVAILLANT AU PORTRAIT DE SON PÈRE[6].

C'est une très-belle chose. Le peintre occupe le milieu de la toile. Il est assis : il a les jambes croisées et un bras passé sur le dos de son fauteuil ; il se repose. L'ébauche du portrait de son père est devant lui sur un chevalet. Sa sœur est debout derrière son fauteuil. Rien n'est plus simple, plus naturel et plus vrai que cette dernière figure. La robe de chambre de l'artiste fait la soie à merveille. Le bras pendant sur le dos du fauteuil est tout à fait hors de la toile ; il n'y a qu'à l'aller prendre. L'air de famille est on ne peut mieux conservé dans les trois têtes. En tout, le morceau est fait largement et mérite les plus grands éloges ; les têtes sont nobles et grandement touchées.

Avec tout cela, me direz-vous, cruelle comparaison avec Van Dyck pour la vérité, avec Rembrandt pour la force ?

Mais tandis qu'il y a tant de manières différentes d'écrire qui chacune ont leur mérite particulier, n'y aurait-il qu'une seule manière de bien peindre ? Parce qu'Homère est plus impétueux que Virgile, Virgile plus sage et plus nombreux que le Tasse, le Tasse plus intéressant et plus varié que Voltaire, refuserai-je mon juste hommage à celui-ci ? Modernes envieux de vos contemporains, jusques à quand vous acharnerez-vous à les rabaisser par vos éternelles comparaisons avec les Anciens ? N'est-ce pas une façon de juger bien étrange que de ne regarder les Anciens que par leurs beaux côtés, comme vous faites, et que de fermer les yeux sur leurs défauts, et de n'avoir au contraire les yeux ouverts que sur les défauts des modernes et que de les tenir opiniâtrement fermés sur leurs beautés ? Pour louer les auteurs de vos plaisirs, attendrez-vous toujours qu'ils ne soient plus ? À quoi leur sert un éloge qu'ils ne peuvent entendre ?

Je suis toujours fâché que, parmi les superstitions dont on a entêté les hommes, on n'ait jamais pensé à leur persuader qu'ils entendraient sous la tombe le mal ou le bien que nous en dirions.

Je suis aussi bien fâché que ces morceaux de peinture qui ont la fraîcheur et l'éclat des fleurs soient condamnés à se faner aussi vite qu'elles.

Cet inconvénient tient à une manière de faire qui double l'effet du tableau pour le moment. Lorsque le peintre a presque achevé son ouvrage, il glace. Glacer, c'est passer sur le tout une couche légère de la couleur et de la teinte qui convient à chaque partie. Cette couche peu chargée de couleur et très-chargée d'huile fait la fonction et a le défaut d'un vernis ; l'huile se sèche et jaunit en se séchant, et le tableau s'enfume plus ou moins, selon qu'il a été peint plus ou moins franchement.

On dit qu'un peintre peint à pleines couleurs ou franchement, lorsque ses couleurs sont plus unes, moins tourmentées, moins mélangées.

On conçoit que l'huile répandue sur les endroits où il y a beaucoup de différentes couleurs mêlées et fondues occasionne une action des unes sur les autres et une décomposition d'où naissent des taches jaunes, grises, noires, et la perte de l'harmonie générale.

Les endroits qui souffriront le plus, ce sont ceux où il se trouvera de la céruse et autres chaux métalliques que la substance grasse re-vivifiera.

Un sculpteur un peu jaloux de la durée de son ouvrage, qui lui coûte tant de peines, devrait toujours en appuyer les parties délicates et fragiles sur des parties solides ; et le peintre préparer et broyer lui-même ses couleurs, et exclure de sa palette toutes celles qui peuvent réagir les unes sur les autres, se décomposer, se revivifier, ou souffrir, comme les sels, par l'acide de l'air. Cet acide est si puissant qu'il ter-nit jusqu'aux peintures de la porcelaine.

L'art de donner à la peinture des couleurs durables est presque en-core à trouver. Il semble qu'il faudrait bannir la plupart des chaux, toutes les substances salines, et n'admettre que des terres pures et bien lavées.

C'est une chose bizarre que la diversité des jugements de la multi-tude qui se rassemble dans un Salon. Après s'y être promené pour voir, il faudrait aussi y faire quelques tours pour entendre.

Les gens du monde jettent un regard dédaigneux et distrait sur les grandes compositions, et ne sont arrêtés que par les portraits dont ils ont les originaux présents.

L'homme de lettres fait tout le contraire ; passant rapidement sur les portraits, les grandes compositions fixent toute son attention.

Le peuple regarde tout et ne s'entend à rien.

C'est lorsqu'ils se rencontrent au sortir de là qu'ils sont plaisants à entendre. L'un dit : « Avez-vous vu le *Mariage de la Vierge* ? c'est un beau morceau !

— Non. Mais vous, que dites-vous du *Portrait de la comtesse* ? c'est cela qui est délicieux.

— Moi ! je ne sais seulement pas si votre comtesse s'est fait peindre. Je m'amuserais autour d'un portrait, tandis que je n'ai ni trop d'yeux ni trop de temps pour le *Joseph* de Deshays ou le *Paralytique* de Greuze !

— Ah ! oui ; c'est cet homme qui est à côté de l'escalier et à qui l'on va donner l'extrême-onction... »

C'est ainsi que rien ne passe sans éloge et sans blâme : celui qui vise à l'approbation générale est un fou. Greuze, pourquoi faut-il qu'une impertinence t'afflige ? La foule est continuellement autour de ton tableau, il faut que j'attende mon tour pour en approcher. N'entends-tu pas la voix de la surprise et de l'admiration qui s'élève de tous côtés ? Ne sais-tu pas que tu as fait une chose sublime ? Que te faut-il de plus que ton propre suffrage et le nôtre ?

Tant que les peintres portraitistes ne me feront que des ressemblances sans composition, j'en parlerai peu ; mais lorsqu'ils auront une fois senti que pour intéresser il faut une action, alors ils auront tout le talent des peintres d'histoire, et ils me plairont indépendamment du mérite de la ressemblance.

Il s'est élevé ici une contestation singulière entre les artistes et les gens du monde. Ceux-ci ont prétendu que le mérite principal d'un portrait était d'être bien dessiné et bien peint. Eh ! que nous importe, disaient ceux-ci, que les Van Dyck ressemblent ou ne ressemblent pas ? En sont-ils moins à nos yeux des chefs-d'œuvre ? Le mérite de ressembler est passager ; c'est celui du pinceau qui émerveille dans le moment et qui éternise l'ouvrage. — C'est une chose bien douce pour nous, leur a-t-on répondu, que de retrouver sur la toile l'image vraie de nos pères, de nos mères, de nos enfants, de ceux qui ont été les bienfaiteurs du genre humain et que nous regrettons. Quelle a été la première origine de la peinture et de la sculpture ? Ce fut une jeune fille qui suivit avec un morceau de charbon les contours de la tête de son amant dont l'ombre était projetée sur un mur éclairé. Entre deux portraits, l'un de Henri IV mal peint, mais ressemblant, et l'autre d'un faquin de concussionnaire ou d'un sot auteur peint à miracle, quel est celui que vous choisirez ? Qui est-ce qui attache vos regards sur un buste de Marc-Aurèle ou de Trajan, de Sénèque ou de Cicéron ? Est-ce le mérite de ciseau de l'artiste ou l'admiration de l'homme ?

D'où je conclus avec vous qu'il faut qu'un portrait soit ressemblant pour moi, et bien peint pour la postérité.

Ce qu'il y a de certain, c'est que rien n'est plus rare qu'un beau portrait, plus commun qu'un barbouilleur qui fait ressembler, et que quand l'homme n'est plus, nous supposons la ressemblance.

BOUCHER.

Il y a deux tableaux de Boucher : le *Sommeil de l'enfant Jésus*, et une *Bergerie*.

9. LE SOMMEIL DE L'ENFANT JÉSUS [7].

Ce maître a toujours le même feu, la même facilité, la même fécondité, la même magie et les mêmes défauts qui gâtent un talent rare.

Son enfant Jésus est mollement peint ; il dort bien. Sa Vierge mal drapée est sans caractère. La gloire en est très-aérienne. L'ange qui vole est tout à fait vaporeux. Il était impossible de toucher plus grandement et de donner une plus belle tête au Joseph qui sommeille derrière la Vierge qui adore son fils… Mais la couleur ? Pour la couleur, ordonnez à votre chimiste de vous faire une détonation ou plutôt déflagration de cuivre par le nitre et vous la verrez telle qu'elle est dans le tableau de Boucher. C'est celle d'un bel émail de Limoges. Si vous dites au peintre : « Mais, monsieur Boucher, où avez-vous pris ces tons de couleur ? » il vous répondra : « Dans ma tête. — Mais ils sont faux. — Cela se peut, et je ne me suis pas soucié d'être vrai. Je peins un événement fabuleux avec un pinceau romanesque. Que savez-vous ? la lumière du Thabor et celle du paradis sont peut-être comme cela. Avez-vous jamais été visité la nuit par des anges ? — Non. — Ni moi non plus ; et voilà pourquoi je m'essaye comme il me plaît dans une chose qui n'a point de modèle en nature. — Monsieur Boucher, vous n'êtes pas bon philosophe, si vous ignorez qu'en quelque lieu du monde que vous alliez et qu'on vous parle de Dieu, ce soit autre chose que l'homme. »

LA BERGERIE [8].

Imaginez sur le fond un vase posé sur son piédestal et couronné d'un faisceau de branches renversées ; au dessous, un berger endormi sur les genoux de sa bergère ; répandez autour une houlette, un petit chapeau rempli de roses, un chien, des moutons, un bout de paysage et je ne sais combien d'autres objets entassés les uns sur les autres ; peignez le tout de la couleur la plus brillante, et vous aurez la *Bergerie* de Boucher.

Quel abus du talent ! combien de temps de perdu ! Avec la moitié moins de frais, on eût obtenu la moitié plus d'effet. Entre tant de détails, tous également soignés, l'œil ne sait où s'arrêter ; point d'air, point de repos. Cependant la bergère a bien la physionomie de son état ; et ce bout de paysage qui serre le vase est d'une délicatesse, d'une fraîcheur et d'un charme surprenants. Mais que signifient ce vase et son piédestal ? que signifient ces lourdes branches dont il est surmonté ? Quand on écrit, faut-il tout écrire ? quand on peint, faut-il tout peindre ? De grâce, laissez quelque chose à suppléer par mon imagination… Mais dites cela à un homme corrompu par la louange et entêté de son talent, et il hochera dédaigneusement de la tête ; il vous laissera dire et nous le quitterons : *Jussum se suaque solum amare.* C'est dommage pourtant.

Cet homme, lorsqu'il était nouvellement revenu d'Italie, faisait de très-belles choses ; il avait une couleur forte et vraie ; sa composition était sage, quoique pleine de chaleur ; son faire large et grand. Je connais quelques-uns de ses premiers morceaux qu'il appelle aujourd'hui des *croûtes* et qu'il rachèterait volontiers pour les brûler.

Il a de vieux portefeuilles pleins de morceaux admirables qu'il dédaigne. Il en a de nouveaux, farcis de moutons et de bergers à la Fontenelle, sur lesquels il s'extasie.

Cet homme est la ruine de tous les jeunes élèves en peinture. À peine savent-ils manier le pinceau et tenir la palette, qu'ils se tourmentent à enchaîner des guirlandes d'enfants, à peindre des culs joufflus et vermeils, et à se jeter dans toutes sortes d'extravagances qui ne sont rachetées ni par la chaleur, ni par l'originalité, ni par la gentillesse, ni par la magie de leur modèle : ils n'en ont que les défauts.

JEAURAT

Ce fut autrefois le Vadé de la peinture ; il connaissait les scènes de la place Maubert et des halles, les enlèvements de filles, les déménagements furtifs, les disputes des harengères et crieuses de vieux chapeaux. Il exposa, il y a deux ans, deux petits tableaux en ce genre qui se firent remarquer. Je me souviens que dans l'un il y avait deux filles qu'on menait à Saint-Martin [9], dont l'une se désolait et l'autre faisait des cornes au commissaire. C'est la vérité dans ce genre. Il faut que celui qu'il a exposé cette année, et qu'il a appelé *les Citrons de Javotte* [10], soit peu de chose ; car je ne l'ai point remarqué et je n'en ai entendu parler à qui que ce soit.

« Mon ami, je vous abandonne M. Jeaurat ; faites-en tout ce qu'il vous plaira ; je vous demande seulement un peu d'indulgence pour ses cheveux gris et sa main tremblante.

— Mais il est bien mauvais.

— D'accord, mais il a les cheveux gris et un visage long et plein de bonhomie. »

Denis Diderot

NATTIER.

16. L'AUTEUR AVEC SA FAMILLE [11].

Cet homme a été autrefois très-bon portraitiste, mais il n'est plus rien. Le portrait de sa famille est flou, c'est-à-dire faible et léché. Monsieur Nattier, vous ne connaissez pas les têtes de vos enfants ; certainement elles ne sont pas comme cela.

Deux tableaux représentant, l'un *Un Chinois tenant une flèche*, et l'autre *Une Indienne* [12]. — Le costume y est bien observé, j'y consens. Si vous n'avez voulu que m'apprendre comme on était vêtu à la Chine et dans l'Inde, soyez content, vous l'avez fait.

HALLÉ.

18. ABRAHAM REÇOIT LES ANGES, ILS ANNONCENT À SARA QU'ELLE SERA MÈRE D'UN FILS [13].

Hallé est toujours le pauvre Hallé. Cet homme a la rage de choisir de grands sujets, des sujets qui demandent de l'invention, des caractères, du dessin, de la noblesse, toutes qualités qui lui manquent.

On voit dans ce tableau les anges assis autour d'une table. Abraham est debout devant eux, Sara écoute derrière une porte.

L'Abraham est très-mal drapé, on ne sent nulle part le nu sous cet amas d'étoile lourde et de couleur de terre. Monsieur Halle, où est ce beau caractère céleste que Raphaël et Le Sueur ont su donner à leurs anges ? Les vôtres sont trois polissons déguisés. Votre Abraham est un vieux paillard qui a le sourire indécent, le nez recourbé, la figure grimacière et rechignée d'un faune ; il ne lui manque que les oreilles pointues et les petites cornes. Et cette figure mesquine de femme derrière la porte, c'est une servante que vous ne me ferez jamais prendre pour une Sara. Et puis vos couleurs sont sales et crues ; vous êtes d'une fadeur de monotonie insupportable. Vous m'ennuyez, monsieur Hallé, vous m'ennuyez.

Personne ne sait ce que c'est que votre *Vierge avec son enfant Jésus*, vos deux petites *Pastorales*, votre *Abondance* répandue sur les arts, ni votre Combat d'Hercule et d'Achéloüs [14]. Tout cela est misérable.

PIERRE.

Monsieur Pierre, chevalier de l'ordre du Roi, premier peintre de monseigneur le duc d'Orléans et professeur de l'Académie de peinture, vous ne savez plus ce que vous faites, et vous avez bien plus tort qu'un autre. Vous êtes riche ; vous pouvez, sans vous gêner, vous procurer de beaux modèles et faire tant d'études qu'il vous plaira. Vous n'attendez pas l'argent d'un tableau pour payer votre loyer. Vous avez tout le temps de choisir votre sujet, de vous en pénétrer, de l'ordonner, de l'exécuter. Vous avez été mieux élevé que la plupart de vos confrères ; vous connaissez les bons auteurs français, vous entendez les poètes latins, que ne les lisez-vous donc ? Ils ne vous donneront pas le génie, parce qu'on l'apporte en naissant ; mais ils vous remueront, ils élèveront votre esprit, ils dégourdiront un peu votre imagination ; vous y trouverez des idées et vous vous en servirez.

Pierre, à son retour d'Italie, exposa quelques morceaux bien dessinés, bien coloriés, hardis même et de bonne manière : il y a vingt ans de cela. Alors il faisait cas du Guide, du Corrège, de Raphaël, du Véronèse et des Carraches, qu'il appelle aujourd'hui des croûtes. Depuis une douzaine d'années, il a toujours été en dégénérant, et sa morgue s'est accrue à mesure que son talent s'est perdu ; c'est aujourd'hui le plus vain et le plus plat de nos artistes.

Il a pris pour sujet d'un de ses tableaux :

12. MERCURE AMOUREUX QUI CHANGE EN PIERRE AGLAURE, QUI L'ÉLOIGNAIT DE SA SŒUR HERSÉ [15].

On voit à gauche Hersé à sa toilette. Derrière elle est une suivante debout ; à droite, sur le devant, Aglaure est renversée à terre ; au-dessus, Mercure, porté dans les airs, touche de son caducée cette sœur incommode.

D'abord quelle plate idée d'avoir mis Hersé à sa toilette ! C'est une grande figure froide, imbécile, sans action, sans passion, sans mouvement, sans caractère, ne prenant pas le moindre intérêt à ce qui se passe. Cette subalterne à côté d'elle, on peut dire qu'elle se conforme très-bien à l'indifférence de sa maîtresse. Pour l'Aglaure, c'est en charbon de terre que Mercure la change ; je m'en rapporte à M. de Jussieu. Ce Mercure qui fait ici le rôle principal est si faible de couleur qu'on le prendrait pour un nuage gris. Le tout a l'air d'une première ébauche ou d'un mauvais tableau ancien dont on a enlevé la couleur en le nettoyant.

Depuis que ce morceau est exposé, le peintre va tous les matins le retoucher. Retouche, retouche, mon ami, je te promets que cela n'est ni fait ni à refaire. Ce n'est pas Aglaure, c'est l'artiste et toute sa composition que Mercure en colère a pétrifiés.

13. UNE SCÈNE DU MASSACRE DES INNOCENTS.

C'est une mère qui se poignarde de douleur sur le cadavre de son enfant. Quand on cite un seul vers d'un poëme épique, il faut qu'il soit de la plus rare beauté. Quand on ne montre qu'un seul incident d'une scène immense, il faut qu'il soit sublime, et qu'il dise *ex ungue leonem*. Monsieur Pierre, vous n'avez point de griffes. La femme qui se tue est blafarde. Je ne sais pourquoi elle se tue ; car je cherche son désespoir et ne le trouve point. Il ne faut pas prendre de la grimace pour de la passion ; c'est une chose à laquelle les peintres et les acteurs sont sujets à se méprendre. Pour en sentir la différence, je les renvoie au *Laocoon* antique, qui souffre et ne grimace point.

14. L'HARMONIE.

Ma foi, je ne sais ce que c'est.

15. UNE BACCHANTE ENDORMIE.

Je me la rappelle fort bien. C'est une grande nudité de femme ivre, âgée, chairs molles, gorge flétrie, ventre affaissé, cuisses plates, hanches élevées, fade de couleur, mal dessinée, surtout par les jambes ; moulue, dont les membres vont se détacher incessamment ; usée par la débauche des hommes et du vin. Dormez, personne ne sera tenté d'abuser de votre état et de votre sommeil.

Quand on choisit de ces natures-là, il faut en sauver le dégoût par une exécution supérieure, et c'est ce que M. le chevalier Pierre n'a pas fait. Vulcain est la plus hideuse figure de l'*Odyssée* et la plus fortement peinte ; le Polyphème de Virgile fait horreur, mais il est beau. Il ne faut plus compter Pierre parmi nos bons artistes.

VIEN.

Le triste et plat métier que celui de critique ! Il est si difficile de produire une chose même médiocre ; il est si facile de sentir la médiocrité ! Et puis, toujours ramasser des ordures, comme Fréron ou ceux qui se promènent dans nos rues avec des tombereaux. Dieu soit loué ! voici un homme dont on peut dire du bien et presque sans réserve. L'image la plus favorable sous laquelle on puisse envisager un critique est celle de ces gueux qui s'en vont avec un bâtonnet à la main remuer les sables de nos rivières pour y découvrir une paillette d'or. Ce n'est pas là le métier d'un homme riche.

Les tableaux que Vien a exposés cette année sont tous du même genre, et comme ils ont presque tous le même mérite, il n'y a qu'un seul éloge à en faire : c'est l'élégance des formes, la grâce, l'ingénuité, l'innocence, la délicatesse, la simplicité, et tout cela joint à la pureté du dessin, à la belle couleur, à la mollesse et à la vérité des chairs.

On serait bien embarrassé de choisir entre sa *Marchande à la toilette*, sa *Bouquetière*, sa *Femme qui sort du bain*, sa *Prêtresse qui brûle de l'encens sur un trépied*, la *Femme qui arrose ses fleurs*, la *Proserpine qui en orne le buste de Cérès sa mère* et l'*Offrande au temple de Vénus* [16]. Comme tout cela sent la manière antique !

Ces morceaux sont petits, le plus grand n'a pas plus de trois pieds de haut sur deux de large ; mais l'artiste a bien fait voir dans sa *Sainte Geneviève* du dernier Salon, son *Icare* qui est à l'Académie, et d'autres morceaux, qu'il pouvait tenter de grandes compositions et s'en tirer avec succès.

23. LA MARCHANDE À LA TOILETTE.

Celui qu'il appelle ainsi représente une esclave qu'on voit à gauche agenouillée. Elle a à côté d'elle un petit panier d'osier rempli d'Amours qui ne font qu'éclore. Elle en tient un par ses deux ailes bleues qu'elle présente à une femme assise dans un fauteuil, sur la droite. Derrière cette femme est sa suivante debout. Entre l'esclave et la femme assise, l'artiste a placé une table sur laquelle on voit des fleurs dans un vase, quelques autres éparses sur le tapis avec un collier de perles.

L'esclave, un peu basanée, avec son nez large et un peu aplati, ses grandes lèvres vermeilles, sa bouche entr'ouverte, ses grands yeux noirs, est une coquine qui a bien la physionomie de son métier et l'art de faire valoir sa denrée.

La suivante, qui est debout, dévore des yeux toute la jolie couvée.

La maîtresse a de la réserve dans le maintien. L'intérêt de ces trois visages est mesuré avec une intelligence infinie ; il n'est pas possible de donner un grain d'action ou de passion à l'une sans les désaccorder toutes en ce point. Et puis c'est une élégance dans les attitudes, dans les corps, dans les physionomies, dans les vêtements ; une tranquillité dans la composition ; une finesse !… tant de charme partout, qu'il est impossible de les décrire. Les accessoires sont d'ailleurs d'un goût exquis et du fini le plus précieux.

Ce morceau en tout est d'une très-belle exécution : la figure assise est drapée comme l'antique ; la tête est noble ; on la croit faible d'expression, mais ce n'est pas mon avis. Les pieds et les mains sont faits avec le plus grand soin. Le fauteuil est d'un goût qui frappe ; ce gland qui pend du coussin est d'or à s'y tromper. Rien n'est comparable aux fleurs pour la vérité des couleurs et des formes, et pour la légèreté de la touche. Le fond caractérise bien le lieu de la scène. Ce vase avec son piédestal est d'une belle forme. Oh ! le joli morceau !

On prétend que la femme assise a l'oreille un peu haute. Je m'en rapporte aux maîtres.

Voilà une allégorie qui a du sens, et non pas cet insipide *Exercice des Amours* de Vanloo. C'est une petite ode tout à fait anacréontique. C'est dommage que cette composition soit un peu déparée par un geste indécent de ce petit Amour papillon que l'esclave tient par les ailes ; il a la main droite appuyée au pli de son bras gauche qui, en se relevant, indique d'une manière très-significative la mesure du plaisir qu'il promet.

En général, il y a dans tous ces morceaux peu d'invention et de poésie, nul enthousiasme, mais une délicatesse et un goût infinis. Ce sont des physionomies à tourner la tête ; des pieds, des mains et des bras à baiser mille fois.

L'harmonie des couleurs, si importante dans toute composition, était essentielle dans celle-ci ; aussi est-elle portée au plus haut degré.

Ce sont comme autant de madrigaux de l'Anthologie mis en couleurs. L'artiste est comme Apelle ressuscité au milieu d'une troupe d'Athéniennes.

Celui que j'aime entre tous est la jeune innocente qui arrose son pot de fleurs. On ne la regarde pas longtemps sans devenir sensible. Ce n'est pas son amant, c'est son père ou sa mère qu'on voudrait être. Sa tête est si noble ! Elle est si simple et si ingénue ! Ah ! qui est-ce qui oserait lui tendre un piège ? C'est la couleur de chair la plus vraie ; peut-être y désirerait-on un peu plus de couleur. La draperie est large ; peut-être la voudrait-on un peu plus légère. Malgré le bas-relief dont on a décoré le pot de fleurs, on dit qu'il ressemble un peu trop, pour la forme, à ceux du quai de la Ferraille.

Mais encore un mot sur la *Marchande à la toilette*. On prétend que les Anciens [17] n'en auraient jamais fait le sujet d'un tableau isolé ; qu'ils auraient réservé cette composition et celles du même genre pour un cabinet de bains, un plafond, ou pour les murs de quelque grotte souterraine. Et puis cette suivante qui, d'un bras qui pend nonchalamment, va de distraction ou d'instinct relever avec l'extrémité de ses jolis doigts le bord de sa tunique à l'endroit… En vérité, les critiques sont de sottes gens ! Pardon ! monsieur Vien, pardon ! Vous avez fait dix tableaux charmants ; tous méritent les plus grands éloges par leur précieux dessin et le style délicat dans lequel vous les avez traités. Que ne suis-je possesseur du plus faible de tous ! Je le regarderais souvent, et il serait couvert d'or lorsque vous ne seriez plus.

LA GRENÉE.

Voici un artiste qui a fait un grand pas dans son art depuis deux ans. Ce n'était, au dernier Salon, qu'un peintre médiocre, froid dans sa composition et faible dans les autres parties ; mais sa *Suzanne surprise par les deux vieillards* le met tout à coup sur la seconde et peut-être sur la première ligne.

31. SUZANNE SURPRISE AU BAIN PAR LES DEUX VIEILLARDS [18].

La Suzanne est placée à gauche sur le devant : on la voit de face. À droite sont les deux vieillards, l'un derrière elle, l'autre à côté. Ils sont bien groupés, et leurs têtes sont belles. Celui-ci lui dit du geste qu'ils sont seuls et loin de tout témoin ; l'autre lui caresse l'épaule d'une main. L'expression de la Suzanne est grande et noble. Elle dérobe sa gorge avec un de ses bras ; l'autre retient des linges qui descendent et couvrent ses cuisses. Les chairs sont vraies, les séducteurs encore frais et verts. Avec tout cela, la chasteté de la belle Juive eût été encore mieux avérée s'il n'y en avait eu qu'un et qu'il eût été jeune. Mais ce n'est pas là le conte.

Denis Diderot

32. L'AURORE QUI QUITTE LA COUCHE DU VIEUX TITON [19].

Je n'aime pas ce tableau. Titon est d'une couleur vineuse ; de la manière dont il est placé, il a l'air d'un homme qu'on aurait serré entre deux planches. Cette Aurore est terne ; sa draperie ne la fait pas sentir, et ses cheveux sont gris et de pierre.

33. LA DOUCE CAPTIVITÉ [20].

En revanche, la *Douce Captivité* est un bon tableau. C'est une femme qui presse une colombe contre son sein. Ce morceau, pour le caractère noble et voluptueux de la femme, la vérité des chairs et l'effet, est digne de Carle Van Loo lorsqu'il ne s'était pas fait une couleur outrée.

Mon ami, si vous retournez au Salon, n'oubliez pas de comparer ce tableau de La Grenée avec l'*Athénienne qui arrose des fleurs* de Vien.

Vous trouverez dans l'un de la grandeur de forme et de la noblesse. La tête en est coiffée dans le goût antique ; elle est bien dessinée. Mêmes qualités dans l'autre, avec plus de sensibilité ; mais c'est peut-être le mérite du sujet et non de l'artiste. Celle-ci n'est occupée que du plaisir de voir croître des fleurs ; celle de La Grenée a d'autres pensées. La main qui presse l'oiseau est potelée et bien dessinée, toute la figure bien peinte et assez bien coloriée. Vien est plus moelleux et plus doux. La femme de La Grenée vous semblera plus belle ; mais c'est celle de Vien que vous aimerez.

36. LE MASSACRE DES INNOCENTS [21].

Je ne sais, monsieur de La Grenée, ce que c'est que votre *Massacre des Innocents* : je ne l'ai point vu ; mais j'entends dire qu'il y a quelques beaux groupes, et j'en suis bien aise.

37. JOSUÉ, COMBATTANT CONTRE LES AMORRHÉENS, COMMANDE AU SOLEIL DE S'ARRÊTER, ET REMPORTE UNE VICTOIRE COMPLÈTE [22].

Pour votre *Josué*, je ne saurais vous dissimuler qu'il est mauvais. Vous n'avez ni cette variété de pensées, ni cette chaleur, ni ce terrible qui convient à un peintre de batailles. Pour trouver le geste et la tête d'un homme qui commande au soleil, il faut y rêver longtemps. Du pas dont vous allez, peut-être dans deux ans d'ici vous sera-t-il permis de tenter de ces grandes machines-là. Vous avez réussi dans une élégie, et vous méditez un poëme épique ! Halte-là, s'il vous plaît ! vous ne vous doutez pas encore des connaissances nécessaires à un peintre de batailles.

38. LA MORT DE CÉSAR [23].

Voilà une *Mort de César* où les figures sont maigres, raides et isolées. Rien ne répond à l'importance du sujet ; c'est un guet-apens ordinaire. Gardez-vous bien de mettre cette ébauche en couleur ; ce serait du temps et de l'huile perdus.

39. SERVIUS TULLIUS JETÉ DU HAUT DES DEGRÉS DU CAPITOLE ET ASSASSINÉ PAR LES ORDRES DE TARQUIN [24].

Il est mieux.

40. UN CHRIST EN CROIX.
(DESSINÉ À LA SANGUINE)

Convenez que le professeur qui retouche les élèves qui vont dessiner à l'Académie l'aurait déchiré. Monsieur de La Grenée, je vous parle avec franchise, parce que je vous aime et que je suis content de votre *Suzanne*, mais très-content ; si vous m'en croyez, vous vous en tiendrez aux tableaux de chevalet, et vous laisserez là ces énormes compositions qui demandent de grands fronts et quelques-unes de ces têtes énormes que Raphaël, le Titien, Le Sueur ont portées sur leurs épaules, et dont Deshays a quelques traits.

Mais j'allais passer sous silence vos deux petits tableaux de *Vierge* [25], et j'aurais fort mal fait. Ils ont une douceur charmante et le moelleux du pinceau du Guide. Je préfère celui où l'enfant va caresser sa mère de ses deux petites mains. Et l'enfant et la mère sont intéressants. L'œil tourne autour du visage de la mère.

DESHAYS.

Deshays est, sans contredit, le plus grand peintre d'église que nous ayons. Vien n'est pas de sa force en ce genre, et Carle Van Loo lui a cédé sa place ; il y a pourtant de Vien une certaine *Piscine*[26].

42. LE MARIAGE DE LA VIERGE.

Je ne balance pas à prononcer que le *Mariage de la Vierge* est la plus belle composition qu'il y ait au Salon, comme elle est la plus vaste. Ce tableau a 19 pieds de haut sur 11 pieds de large. L'espace est immense, et tout y répond.

On voit à droite l'autel et le candélabre à sept branches. Le grand prêtre est placé sur le haut des marches, le dos tourné à l'autel et le visage vers les époux. Il a les bras étendus et la tête élevée au ciel ; il en invoque l'assistance. Il est majestueux, il est grand, il en impose, il est plein d'enthousiasme. Les deux époux sont à genoux sur les derniers degrés. La Vierge noble, grande, pleine de modestie, vêtue et drapée naturellement, dans le vrai goût de Raphaël. L'époux, qui peut avoir quarante-cinq ans, est vigoureux et frais ; il présente à son épouse l'anneau nuptial. Son caractère ne dit ni trop ni trop peu. Derrière l'époux est une sainte Anne dont le visage ridé est l'image de la joie. À côté de la sainte Anne, derrière la Vierge, est une grande fille, belle, simple, innocente, un voile jeté négligemment sur sa tête, le reste du corps couvert d'une longue draperie, et portant une corbeille de roses ; ce n'est qu'un accessoire, mais qu'on ne se lasse point de regarder. À droite du grand prêtre et de l'autel, le peintre a jeté des assistants témoins de la cérémonie ; ils ont les regards attachés sur les époux. À gauche du grand prêtre, et sur le devant du tableau, il a placé deux lévites vêtus de blanc, tout à fait dans la manière de Le Sueur. L'un tient des fleurs, l'autre s'appuie sur un flambeau. Ô les deux belles figures ! Il y a des gens difficiles qui, convenant de leur mérite et de la beauté de leur caractère, prétendent qu'elles sont un peu contournées, et que le peintre a serré les cuisses de l'un avec une large bande sans trop savoir pourquoi. Malheur à ces gens-là, ils ne seront jamais satisfaits de rien ! Ils disent aussi que la Gloire qui remplit le haut du tableau est un peu lourde, et il faut leur accorder ce point, d'autant plus que l'éclat qu'ils y désirent n'aurait pas éteint le reste d'une composition peinte très-fortement. Pour ces anges groupés, ils ne peuvent nier leur légèreté ; ils sont suspendus dans les airs, et l'on n'est pas surpris qu'ils y restent. Plus on regarde ce morceau, plus on en est frappé ; la couleur en est forte, et plus peut-être que vraie. Le peintre n'a rien fait encore, à mon sens, ni de si beau ni de si hardi ; je n'en excepte ni son *Saint Benoît*, du Salon passé, ni son *Saint Victor*, ni son autre martyr dont le nom ne me revient pas [27], quoiqu'il y eût et de la force et du génie.

Qu'on me dise, après cela, que notre mythologie prête moins à la peinture que celle des Anciens ! Peut-être la Fable offre-t-elle plus de sujets doux et agréables ; peut-être n'avons-nous rien à comparer, en ce genre, au *Jugement de Pâris* ; mais le sang que l'abominable croix a fait couler de tous côtés est bien d'une autre ressource pour le pinceau tragique [28]. Il y a sans doute de la sublimité dans une tête de Jupiter ; il a fallu du génie pour trouver le caractère d'une Euménide tel que les Anciens nous l'ont laissé ; mais qu'est-ce que ces figures isolées en comparaison de ces scènes où il s'agit de montrer l'aliénation d'esprit ou la fermeté religieuse, l'atrocité de l'intolérance, un autel fumant d'encens devant une idole, un prêtre aiguisant froidement ses couteaux, un prêteur faisant déchirer de sang-froid son semblable à coups de fouet, un fou s'offrant avec joie à tous les tourments qu'on lui montre et déliant ses bourreaux ; un peuple effrayé, des enfants qui détournent la vue et se renversent sur le sein de leurs mères ; des licteurs écartant la foule ; en un mot, tous les incidents de ces sortes de spectacles ! Les crimes que la folie du Christ a commis et fait commettre sont autant de grands drames et bien d'une autre difficulté que la descente d'Orphée aux enfers, les charmes de l'Élysée, les supplices du Ténare ou les délices de Paphos. Dans un genre, voyez tout ce que Raphaël et d'autres grands maîtres ont tiré de Moïse, des prophètes et des évangélistes. Est-ce un champ stérile pour le génie qu'Adam, Ève, sa famille, la postérité de Jacob et tous les détails de la vie patriarcale ? Pour notre Paradis, j'avoue qu'il est aussi plat que ceux qui l'habitent et le bonheur qu'ils y goûtent. Nulle comparaison entre nos saints, nos apôtres et nos vierges tristement extasiés, et ces banquets de l'Olympe où le nerveux Hercule, appuyé sur sa massue, regarde amoureusement la délicate Hébé ; où Apollon avec sa tête divine et sa longue chevelure, tient, par ses accords, les convives enchantés ; où le Maître des dieux, s'enivrant d'un nectar versé à pleine coupe de la main d'un jeune garçon à épaules d'ivoire et à cuisses d'albâtre, fait gonfler de dépit le cœur de sa femme jalouse. Sans contredit j'aime mieux voir la croupe, la gorge et les beaux bras de Vénus que le triangle mystérieux ; mais où est, là dedans, le sujet tragique que je cherche ? Ce sont des crimes qu'il faut au talent des Racine, des Corneille et des Voltaire. Jamais aucune religion ne fut aussi féconde en crimes que le christianisme ; depuis le meurtre d'Abel jusqu'au supplice de Calas, pas une ligne de son histoire qui ne soit ensanglantée. C'est une belle chose que le crime et dans l'histoire et dans la poésie, et sur la toile et sur le marbre. J'ébauche, mon ami, au courant de la plume ; je jette des germes que je laisse à la fécondité de votre tête à développer.

43. LA CHASTETÉ DE JOSEPH [29].

Voici une machine moins grande que la précédente, mais qui ne lui cède guère en mérite et qui vient à l'appui de ma digression ; c'est la *Chasteté de Joseph.*

Je ne sais si ce tableau est destiné pour une église, mais c'est à faire damner le prêtre au milieu de sa messe et donner au diable tous les assistants. Avez-vous rien vu de plus voluptueux ? Je n'en excepte pas même cette *Madeleine* du Corrége de la galerie de Dresde dont vous conservez l'estampe avec tant de soin pour la mortification de vos sens.

La femme de Putiphar s'est précipitée du chevet au pied de son lit ; elle est couchée sur le ventre et elle arrête par le bras le sot et bel esclave pour lequel elle a pris du goût. On voit sa gorge et ses épaules. Qu'elle est belle cette gorge ! Qu'elles sont belles ces épaules ! L'amour et le dépit, mais plus encore le dépit que l'amour, se montrent sur son visage ; le peintre y a répandu des traits qui, sans la défigurer, décèlent l'impudence et la méchanceté : quand on l'a bien regardée, on n'est surpris ni de son action ni du reste de son histoire. Cependant Joseph est dans un trouble inexprimable : il ne sait s'il doit fuir ou rester ; il a les yeux tournés vers le ciel, il l'appelle à son secours ; c'est l'image de l'agonie la plus violente. Deshays n'a eu garde de lui donner cet air indigné et farouche qui convient si peu à un galant homme qu'une femme charmante prévient. Il est peut-être un peu moins chaste que dans le livre saint, mais il est infiniment plus intéressant. N'est-il pas vrai que vous l'aimez mieux incertain et perplexe et que vous vous en mettez bien plus aisément à sa place ? Lorsque je retourne au Salon j'ai toujours l'espoir de le trouver entre les bras de sa maîtresse. Cette femme a une jambe nue qui descend hors du lit. Ô l'admirable demi-teinte qui est là ! On ne peut pas dire que sa cuisse soit découverte ; mais il y a une telle magie dans ce linge léger qui la cache, ou plutôt qui la montre, qu'il n'est point de femme qui n'en rougisse, point d'homme à qui le cœur n'en palpite. Si Joseph eût été placé de ce côté, c'était fait de sa chasteté : ou la grâce qu'il invoquait ne serait point venue, ou elle ne serait venue que pour exciter son remords. Une grosse étoile à fleurs et à fond vert, forte et moelleuse, descend en plis larges et droits et couvre le chevet du lit.

Si l'on me donne un tableau à choisir au Salon, voilà le mien ; cherchez le vôtre. Vous en trouverez de plus savants, de plus parfaits peut-être ; pour un plus séduisant, je vous en défie. Vous me direz peut-être que la tête de la femme n'est pas d'une grande correction ; que celle de Joseph n'est pas assez jeune ; que ce tapis rouge qui couvre ce bout de toilette est dur ; que cette draperie jaune sur laquelle la femme a une de ses mains appuyée est crue, imite l'écorce et blesse vos yeux délicats. Je me moque de toutes vos observations et je m'en tiens à mon choix.

Et puis encore une petite digression, s'il vous plaît. Je suis dans mon cabinet, d'où il faut que je voie tous ces tableaux ; cette contention me fatigue, et la digression me repose.

Assemblez confusément des objets de toute espèce et de toutes couleurs, du linge, des fruits, du papier, des livres, des étoffes et des animaux, et vous verrez que l'air et la lumière, ces deux harmoniques universels, les accorderont tous, je ne sais comment, par des reflets imperceptibles ; tout se liera, les disparates s'affaibliront, et votre œil ne reprochera rien à l'ensemble. L'art du musicien qui, en touchant sur l'orgue l'accord parfait d'*ut*, porte à votre oreille les dissonants *ut, mi, sol, si, ré, ut*, en est venu là ; celui du peintre n'y viendra jamais. C'est que le musicien vous envoie les sons mêmes, et que ce que le peintre broie sur sa palette, ce n'est pas de la chair, de la laine, du sang, la lumière du soleil, l'air de l'atmosphère, mais des terres, des sucs de plantes, des os calcinés, des pierres broyées, des chaux métalliques. De là l'impossibilité de rendre les reflets imperceptibles des objets les uns sur les autres ; il y a pour lui des couleurs ennemies qui ne se réconcilieront jamais. De là la palette particulière, un faire, un technique propre à chaque peintre. Qu'est-ce que ce technique ? L'art de sauver un certain nombre de dissonances, d'esquiver les difficultés supérieures à l'art. Je défie le plus hardi d'entre eux de suspendre le soleil ou la lune au milieu de sa composition sans offusquer ces deux astres ou de vapeurs ou de nuages ; je le défie de choisir son ciel tel qu'il est en nature, parsemé d'étoiles brillantes comme dans la nuit la plus sereine. De là la nécessité d'un certain choix d'objets et de couleurs ; encore après ce choix, quelque bien fait qu'il puisse être, le meilleur tableau, le plus harmonieux, n'est-il qu'un tissu de faussetés qui se couvrent les unes les autres. Il y a des objets qui gagnent, d'autres qui perdent, et la grande magie consiste à approcher tout près de nature et à faire que tout perde ou gagne proportionnellement ; mais alors ce n'est plus la scène réelle et vraie qu'on voit, ce n'en est pour ainsi dire que la traduction. De là, cent à parier contre un qu'un tableau dont on prescrira rigoureusement l'ordonnance à l'artiste sera mauvais, parce que c'est lui demander tacitement de se former tout à coup une palette nouvelle. Il en est en ce point de la peinture comme de l'art dramatique. Le poëte dispose son sujet relativement aux scènes dont il se sent le talent, dont il croit se tirer avec avantage. Jamais Racine n'eût bien rempli le canevas des *Horaces* ; jamais Corneille n'eût bien rempli le canevas de *Phèdre*.

Je me sens encore las ; suivons donc encore un moment cette digression. Je ne vous parlerai point de l'éclat du soleil et de la lune, qu'il est impossible de rendre, ni de ce fluide interposé entre nos yeux et ces astres qui empêche leurs limites de trancher durement sur l'espace ou le fond où nous les rapportons, fluide qu'il n'est pas plus possible de rendre que l'éclat de ces corps lumineux ; mais je vous demanderai si leur contour sphérique et rigoureux n'est pas déplaisant ? si, quelque brillants que l'artiste les fît, ils ne ressembleraient pas à des taches ? Il est impossible qu'un arbre, tel qu'un cerisier chargé de fruits rouges, fasse un bon effet dans un tableau ; et un espace du plus beau bleu percé de petits trous lumineux sera tout aussi maussade. Je vais peut-être prononcer un blasphème, mais qu'importe ! est-ce que j'ai honte d'être bête avec mon ami ? C'est qu'à mon avis ce n'est ni par sa couleur, ni par les astres dont il étincelle pendant la nuit que le firmament nous transporte d'admiration. Si, placé au fond d'un puits, vous n'en voyiez qu'une petite portion circulaire, vous ne tarderiez pas à vous réconcilier avec mon idée. Si une femme allait chez un marchand de soie, et qu'il lui offrît une aune ou deux de firmament, je veux dire d'une étoile du plus beau bleu et parsemée de points brillants, je doute fort qu'elle la choisît pour s'en vêtir. D'où naît donc le transport que le firmament nous inspire pendant une nuit étoilée et sereine ? C'est, ou je me trompe fort, de l'espace immense qui nous environne, du silence profond qui règne dans cet espace, et d'autres idées accessoires dont les unes tiennent à l'astronomie et les autres à la religion. Quand je dis à l'astronomie, j'entends cette astronomie populaire qui se borne à savoir que ces points étincelants sont des masses prodigieuses reléguées à des distances prodigieuses, où ils sont les centres d'une infinité de mondes suspendus sur nos têtes et d'où le globe que nous habitons serait à peine discerné. Quel ne doit pas être notre frémissement lorsque nous imaginons un Être créateur de toute cette énorme machine, la remplissant, nous voyant, nous entendant, nous environnant, nous touchant ! Voilà, ou je me trompe fort, les sources principales de notre sensation à l'aspect du firmament, c'est un effet moitié physique et moitié religieux.

Mais il est temps de revenir à Deshays. Il y a une *Résurrection du Lazare* [30], sans numéro et sans nom d'artiste, qu'on lui attribue et qui est certainement de lui.

On voit à droite le tombeau. Le ressuscité en sort debout, la tête découverte. Il tend vers le Dieu qui lui a rendu la vie ses bras encore embarrassés de son linceul. Son visage est l'image de la mort que les traits de la joie et de la reconnaissance viennent d'animer. Ses parents, penchés vers lui, lui tendent les bras d'un endroit élevé où ils sont placés ; ils sont transportés d'étonnement et de joie. L'artiste a prosterné les deux sœurs aux pieds du Christ : l'une adore, le visage contre terre ; l'autre a vu le prodige. L'expression, la draperie, le caractère de tête et toute la manière de celle-là est du Poussin ; celle-ci est aussi fort belle. Les apôtres s'entretiennent à quelque distance derrière le Christ. Ils ne sont pas aussi fortement affectés que le reste des assistants : ils sont faits à ces tours-là. Le Christ est debout, au-dessus des femmes, à peu près également éloigné des apôtres et du tombeau. Il a l'air d'un sorcier en mauvaise humeur, je ne sais pourquoi, car son affaire lui a réussi. Voilà le principal défaut de ce tableau, auquel on peut encore reprocher une couleur un peu crue et, comme dans le *Mariage de la Vierge*, plus forte que vraie.

Mais dites-moi donc, mon ami, pourquoi ce Christ est plat dans presque toutes les compositions de peinture ? Est-ce une physionomie traditionnelle dont il ne soit pas possible de s'écarter, et Rubens a-t-il eu tort dans son *Élévation de la Croix* de lui donner un caractère grand et noble ?

Dites-moi aussi pourquoi tous les ressuscités sont hideux ? Il me semble qu'il vaudrait autant ne pas faire les choses à demi, et qu'il n'en coûterait pas plus de rendre la santé avec la vie. Voyez-moi un peu ce Lazare de Deshays ; je vous assure qu'il lui faudra plus de six mois pour se refaire de sa résurrection.

Sans plaisanter, ce morceau n'est pas sans effet ; les groupes en sont bien distribués ; le Lazare avec son linceul est peint largement. Cependant je ne vous conseillerais pas de l'opposer à celui de Rembrandt ou de Jouvenet. Si vous voulez être étonné, allez à Saint-Martin des Champs voir le même sujet traité par Jouvenet. Quelle vie ! quels regards ! quelle force d'expression ! quelle joie ! quelle reconnaissance ! Un assistant lève le voile qui couvrait cette tête étonnante et vous la montre subitement. Quelle différence encore entre ces amis qui tendent les mains au ressuscité de Deshays et cet homme prosterné qui éclaire avec un flambeau la scène de Jouvenet ! Quand on l'a vu une fois, on ne l'oublie jamais. L'idée de Deshays n'est pourtant pas sans mérite, non ; son tableau est petit, mais la manière en est grande.

Mais que penseriez-vous de moi, si j'osais vous dire que toutes ces têtes de ressuscités, belles sans doute et du plus grand effet, sont fausses ? Patience, écoutez-moi. Est-ce qu'un homme sait qu'il est mort ? Est-ce qu'il sait qu'il est ressuscité ? Je m'en rapporte à vous, marquis de la Vallée de Josaphat, chevalier sans peur de la résurrection, illustre Montamy, vous qui avez calculé géométriquement la place qu'il faudra à tout le monde au grand jour du jugement, et qui, à l'exemple de Notre-Seigneur entre les deux larrons, aurez la bonté de placer dans ce moment critique à votre droite Grimm l'hérétique et à votre gauche Diderot le mécréant, afin de nous faire passer en paradis comme les grands seigneurs font passer la contrebande dans leurs carrosses aux barrières de Paris ; illustre Montamy, je m'en rapporte à vous : n'est-il pas vrai que de tous ceux qui assistent à une résurrection, le ressuscité est un des mieux autorisés à n'y pas croire ? Pourquoi donc cet étonnement, ces marques de sensibilité et tous ces signes caractéristiques de la connaissance de l'état qui a précédé et du bienfait rendu que les peintres ne manquent jamais de donner à leurs ressuscités ? La seule expression vraie qu'ils puissent avoir est celle d'un homme qui sort d'un profond sommeil ou d'une longue défaillance. Si l'on répand sur son visage quelque vestige léger de plaisir, c'est de respirer la douceur de l'air, c'est de retrouver la lumière du jour. Mais suivez cette idée, et les détails vous en feront bientôt sentir toute la vérité. Ne voyez-vous pas combien cette action faible et vague du ressuscité, portée vers le ciel et distraite des assistants, rendra la joie et l'étonnement de ceux-ci énergiques ? Il ne les voit pas, il ne les entend pas ; il a la bouche entr'ouverte, il respire, il rouvre ses yeux à la lumière, il la cherche : cependant les autres sont comme pétrifiés.

J'ai une *Résurrection du Lazare* toute nouvelle dans ma tête ; qu'on m'amène un grand maître, et nous verrons. N'est-il pas étonnant qu'entre tant de témoins du prodige, il ne s'en trouve pas un qui tourne ses regards attentifs et réfléchis sur celui qui l'a opéré, et qui ait l'air de dire en lui-même : « Quel diable d'homme est-ce là ! Celui qui peut rendre la vie peut aussi facilement donner la mort… » Pas un qui se soit avisé de faire pleurer de joie une des sœurs du ressuscité ; pas un des parents qui tombe en faiblesse. Qu'on m'amène incessamment un grand maître, et s'il répond à ce que je sens, je vous offre une résurrection plus vraie, plus miraculeuse, plus pathétique et plus forte qu'aucune de celles que vous ayez encore vues.

En revenant de Saint-Martin des Champs n'oubliez pas de faire un tour à Saint-Gervais et d'y voir les deux tableaux du *Martyre de saint Gervais et de saint Protais* [31], et quand vous les aurez vus, élevez vos bras vers le ciel et écriez-vous : Sublime Le Sueur ! divin Le Sueur !… Lisez Homère et Virgile, et ne regardez plus de tableaux. C'est que tout est dans ceux-ci ; tout ce qu'on peut imaginer. Les observations de nature les plus minutieuses n'y sont pas négligées. S'il a placé deux chevaux l'un à côté de l'autre, ils se baisent du nez ; au milieu d'une scène atroce, deux animaux se caressent comme s'ils se félicitaient d'être d'une autre espèce que la nôtre. Ce sont des riens, mais quand un homme pense à ces riens, il n'oublie pas les grandes choses. C'est Mme Pernelle qui, après avoir grondé toute sa famille, s'en retourne en grondant sa servante.

AMÉDÉE VAN LOO.

49. SAINT DOMINIQUE PRÊCHANT DEVANT LE PAPE HONORÉ III [32].

Ce tableau n'est pas à beaucoup près sans mérite. Il est composé dans la manière de Le Sueur, à qui le peintre a pris son saint Dominique, j'en suis sûr, comme si je lui avais vu la main dans la poche ; mais il l'a un peu gâté en le faisant sec et long. Le prédicateur est seul, à gauche, dans sa chaire. À droite et vis-à-vis, le pape et ses assistants forment, en s'étendant vers le fond et sur le devant, toute l'assemblée, dont le personnage le plus voisin du spectateur est un prélat, la tête appuyée sur sa main, qui écoute et qui écoute bien, qui a un beau caractère de tête, qui est drapé largement, qui est bien peint, mais qui nuit à tout : on laisse là le prédicateur, le pape, le reste de l'auditoire, et on ne regarde que ce prélat. C'est comme dans un certain tableau flamand du *Sacrifice d'Abraham et d'Isaac* où le bouc était si soigné et si vrai qu'il faisait oublier et le sacrificateur et la victime.

Denis Diderot

50. SAINT THOMAS D'AQUIN INSPIRÉ DU SAINT-ESPRIT DANS LA COMPOSITION DE SES OUVRAGES [33].

Il vous fera sentir mieux que tout discours ce que c'est que le défaut d'harmonie dans la couleur. Rien n'est mal, ni le saint, ni les livres, ni les chaises, ni le pupitre, mais tout est discordant : on dirait que ce tableau a déjà séjourné vingt ans dans une église humide ; il est d'ailleurs terne, sec et froid. Voyez la galerie des *Batailles d'Alexandre* : le temps a enlevé la couleur, mais la force de la composition et des caractères, le génie de l'artiste est resté. Ici, il n'y a plus rien, quoique le tableau soit d'hier. Faites graver ce *Saint Thomas* et vous n'en tirerez jamais qu'une de ces mauvaises estampes que nos paysans viennent acheter sur le quai des Théatins pour les clouer sur un des murs de leurs chaumières.

Ce Van Loo est le plus faible de la famille. Je ne sais ce que c'est que son *Enfant Jésus et un Ange* [34], *avec les attributs de la Passion* ; je ne connais pas mieux ses *Jeux d'enfants* [35], et, Dieu merci ! je verrai la fin de cet examen.

CHALLE.

Mais dites-moi, monsieur Challe, pourquoi êtes-vous peintre ? Il y a tant d'autres états dans la société où la médiocrité même est utile. Il faut que ce soit un sort qu'on ait jeté sur vous quand vous étiez au berceau. Il y a trente ans et plus que vous faites le métier, et vous ne vous doutez pas de ce que c'est et vous mourrez sans vous en douter.

Voici un singulier original. Il a fait le voyage de Rome ; il y a vu une quantité de vieux et beaux tableaux qu'on estimait, et il s'est dit : Voilà donc comme il faut faire pour être estimé aussi ? … et il a fait des tableaux qui ne sont pas beaux, à la vérité, mais qui sont vieux.

53. LA MORT D'HERCULE. — 54. MILON DE CROTONE, LA MAIN PRISE DANS UN ARBRE ET DÉVORÉ PAR UN LION [36].

Ils sont peints d'hier, mais jaunes, noirs, enfumés ; on les prendrait pour des morceaux du siècle passé.

55. VÉNUS ENDORMIE.

Est une masse de chair affaissée et qui commence à se gâter.

56. ESTHER ÉVANOUIE AUX PIEDS D'ASSUÉRUS [37].

C'est un tableau plus froid, plus mal peint et plus insipide que celui de Restout, qui l'est pourtant assez. La pauvre Esther se meurt et le monarque la touche aussi de son sceptre. C'est l'histoire : le moyen de s'en écarter ?

57. Quatre dessins de compositions d'architecture. Idées prises sur les plus grands monuments de l'Égypte, de la Grèce et de Rome.

Ce Challe a rapporté d'Italie dans son portefeuille quelques centaines de vues dessinées d'après nature où il y a de la grandeur et de la vérité. Monsieur Challe, continuez de nous donner vos vues, mais ne peignez plus.

CHARDIN.

C'est celui-ci qui est un peintre ; c'est celui-ci qui est un coloriste.

Il y a au Salon plusieurs petits tableaux de Chardin ; ils représentent presque tous des fruits avec les accessoires d'un repas. C'est la nature même ; les objets sont hors de la toile et d'une vérité à tromper les yeux.

Celui qu'on voit en montant l'escalier mérite surtout l'attention. L'artiste a placé sur une table un vase de vieille porcelaine de la Chine, deux biscuits, un bocal rempli d'olives, une corbeille de fruits, deux verres à moitié pleins de vin, une bigarade avec un pâté [38].

Pour regarder les tableaux des autres, il semble que j'aie besoin de me faire des yeux ; pour voir ceux de Chardin, je n'ai qu'à garder ceux que la nature m'a donnés et m'en bien servir.

Si je destinais mon enfant à la peinture, voilà le tableau que j'achèterais. « Copie-moi cela, lui dirais-je, copie-moi cela encore. » Mais peut-être la nature n'est-elle pas plus difficile à copier.

C'est que ce vase de porcelaine est de la porcelaine ; c'est que ces olives sont réellement séparées de l'œil par l'eau dans laquelle elles nagent ; c'est qu'il n'y a qu'à prendre ces biscuits et les manger, cette bigarade l'ouvrir et la presser, ce verre de vin et le boire, ces fruits et les peler, ce pâté et y mettre le couteau.

C'est celui-ci qui entend l'harmonie des couleurs et des reflets. Ô Chardin ! ce n'est pas du blanc, du rouge, du noir que tu broies sur ta palette : c'est la substance même des objets, c'est l'air et la lumière que tu prends à la pointe de ton pinceau et que tu attaches sur la toile.

Après que mon enfant aurait copié et recopié ce morceau, je l'occuperais sur la *Raie dépouillée* du même maître. L'objet est dégoûtant, mais c'est la chair même du poisson, c'est sa peau, c'est son sang ; l'aspect même de la chose n'affecterait pas autrement. Monsieur Pierre, regardez bien ce morceau, quand vous irez à l'Académie, et apprenez, si vous pouvez, le secret de sauver par le talent le dégoût de certaines natures.

On n'entend rien à cette magie. Ce sont des couches épaisses de couleur appliquées les unes sur les autres et dont l'effet transpire de dessous en dessus. D'autres fois, on dirait que c'est une vapeur qu'on a soufflée sur la toile ; ailleurs, une écume légère qu'on y a jetée. Rubens, Berghem, Greuze, Loutherbourg vous expliqueraient ce faire bien mieux que moi ; tous en feront sentir l'effet à vos yeux. Approchez-vous, tout se brouille, s'aplatit et disparaît ; éloignez-vous, tout se recrée et se reproduit.

On m'a dit que Greuze montant au Salon et apercevant le morceau de Chardin que je viens de décrire, le regarda et passa en poussant un profond soupir. Cet éloge est plus court et vaut mieux que le mien.

Qui est-ce qui payera les tableaux de Chardin, quand cet homme rare ne sera plus ? Il faut que vous sachiez encore que cet artiste a le sens droit et parle à merveille de son art.

Ah ! mon ami, crachez sur le rideau d'Apelle et sur les raisins de Zeuxis. On trompe sans peine un artiste impatient et les animaux sont mauvais juges en peinture. N'avons-nous pas vu les oiseaux du jardin du Roi aller se casser la tête contre la plus mauvaise des perspectives ? Mais c'est vous, c'est moi que Chardin trompera quand il voudra.

VENEVAULT [39], BACHELIER, BOIZOT
ET FRANCISQUE MILLET.

Ès jour de septembre, Apollon et Mercure s'étant transportés le matin au Salon du Louvre, où les artistes de France avaient exposé leurs productions, le dieu du goût en admira quelques-unes, il passa dédaigneusement devant un grand nombre d'autres, quelquefois il sourit, quelquefois ses sourcils se froncèrent et son visage devint sévère.

Il vit le *Mercure* de Pierre et celui de Boizot, l'un *changeant en pierre Aglaure*, l'autre *conversant avec Argus* [40], et il dit : « À effacer avec la langue pour avoir osé peindre des dieux sans en avoir d'idée… » Et Mercure l'embrassa.

Il vit les *Enfants* de Boizot *qui reçoivent les récompenses dues à leurs talents*, et il dit : « Au pont Notre-Dame. »

Ses *Récompenses accordées au métier de la guerre*, et il dit : « Au pont Notre-Dame. »

Sa figure de la *Sculpture* [41], et il dit : « Au pont Notre-Dame. »

Il vit l'*Europe savante* de Bachelier, son *Pacte de famille*, ses *Alliances de France* [42], sa *Mort d'Abel* [43] tirée du poëme de Gessner, et il dit : « Au pont Notre-Dame, au pont Notre-Dame. »

Il vit les deux paysages de Millet, et il dit : « Au pont. »

Il vit les *miniatures* de Venevault, il avança sa lèvre inférieure, hocha de la tête et se tut.

Il jeta un coup d'œil rapide sur les esquisses que Bachelier a faites d'après le poëme de Gessner, et il mit sous son bras celle où l'on voit Adam soulevant le cadavre de son malheureux fils, une de ses filles éplorée à ses pieds et sa femme échevelée sur le fond.

En effet, si vous vous en souvenez, la tête d'Adam est du plus antique et du plus grand caractère ; la figure de la fille est grande et belle ; cette femme échevelée, sur le fond, jointe à l'horreur du paysage qui l'entoure, fait frissonner. L'imagination du peintre est remontée jusqu'au temps de l'événement, et le tout est touché fièrement. Eh bien ! ce Bachelier avait pourtant cela dans sa tête, qui l'eût cru ? C'est qu'il y a bien de la différence à rencontrer une belle idée et à faire un bel ouvrage.

LA TOUR.

La Tour est toujours le même. Si ses portraits frappent moins aujourd'hui, c'est qu'on attend tout ce qu'il fait.

Il a peint le *Prince Clément de Saxe* et la *Princesse Christine de Saxe*, le *Dauphin* et presque toute sa famille. Le portrait du célèbre sculpteur *Le Moyne* est surprenant pour la vie et la vérité qui y sont.

C'est un rare corps que ce La Tour ; il se mêle de poésie, de morale, de théologie de métaphysique, et de politique. C'est un homme franc et vrai. C'est un fait qu'en 1756, faisant le portrait du roi, Sa Majesté cherchait à s'entretenir avec lui sur son art pendant les séances, et que La Tour répondit à toutes les observations du monarque : *Vous avez raison, sire, mais nous n'avons point de marine*. Cette liberté déplacée n'offensa point [44] et le portrait s'acheva. Il dit un jour à monseigneur le Dauphin qui lui paraissait mal instruit d'une affaire qu'il lui avait recommandée : *Voilà comme vous vous laissez toujours tromper par des fripons, vous autres*. Il prétend qu'il ne va à la cour que pour leur dire leurs vérités, et à Versailles il passe pour un fou dont les propos ne tirent point à conséquence, ce qui lui conserve son franc parler.

J'y étais, chez M. le baron d'Holbach, lorsqu'on lui montra deux pastels de Mengs, aujourd'hui, je crois, premier peintre du roi d'Espagne. La Tour les regarda longtemps. C'était avant dîner. On sert, il se met à table ; il mange sans parler : puis, tout à coup, il se lève, va revoir les deux pastels et ne reparaît plus.

Ces deux pastels représentent l'*Innocence* sous la figure d'une jeune fille qui caresse un agneau, et le *Plaisir* sous la figure d'un jeune garçon enlacé de soie, couronné de fleurs et la tête entourée de l'arc-en-ciel.

Il y a de ce Mengs deux autres pastels à l'École militaire. L'un est une *Courtisane athénienne* ; c'est la séduction même et la perfidie. L'autre est un *Philosophe stoïcien* qui la regarde et qui sent son cœur s'émouvoir. Ces deux morceaux sont à vendre.

LOUTHERBOURG [45].

Phénomène étrange ! Un jeune peintre, de vingt-deux ans, qui se montre et se place tout de suite sur la ligne de Berghem. Ses animaux sont peints de la même force et de la même vérité. C'est la même entente et la même harmonie générale. Il est large, il est moelleux ; que n'est-il pas ?

Il a exposé un grand nombre de *paysages*. Je n'en décrirai qu'un seul.

Voyez à gauche ce bout de forêt : il est un peu trop vert, à ce qu'on dit, mais il est touffu et d'une fraîcheur délicieuse. En sortant de ce bois et vous avançant vers la droite, voyez ces masses de rochers, comme elles sont grandes et nobles, comme elles sont douces et dorées dans les endroits où la verdure ne les couvre point, et comme elles sont tendres et agréables où la verdure les tapisse encore ! Dites-moi si l'espace que vous découvrez au delà de ces roches n'est pas la chose qui a fixé cent fois votre attention dans la nature. Comme tout s'éloigne, s'enfuit, se dégrade insensiblement, et lumières et couleurs et objets ! Et ces bœufs qui se reposent au pied de ces montagnes, ne vivent-ils pas ? ne ruminent-ils pas ? N'est-ce pas là la vraie couleur, le vrai caractère, la vraie peau de ces animaux ? Quelle intelligence et quelle vigueur ! Cet enfant naquit donc le pouce passé dans la palette ? Où peut-il avoir appris ce qu'il sait ? Dans l'âge mûr, avec les plus heureuses dispositions, après une longue expérience, on s'élève rarement à ce point de perfection. L'œil est partout arrêté, récréé, satisfait. Voyez ces arbres ; regardez comme ce long sillon de lumière éclaire cette verdure, se joue entre les brins de l'herbe et semble leur donner de la transparence. Et l'accord et l'effet de ces petites masses de roches détachées et répandues sur le devant ne vous frappent-ils pas ? Ah ! mon ami, que la nature est belle dans ce petit canton ! arrêtons-nous-y ; la chaleur du jour commence à se faire sentir, couchons-nous le long de ces animaux. Tandis que nous admirerons l'ouvrage du Créateur, la conversation de ce pâtre et de cette paysanne nous amusera ; nos oreilles ne dédaigneront pas les sons rustiques de ce bouvier, qui charme le silence de cette solitude et trompe les ennuis de sa condition en jouant de la flûte. Reposons-nous ; vous serez à côté de moi, je serai à vos pieds tranquille et en sûreté, comme ce chien, compagnon assidu de la vie de son maître et garde fidèle de son troupeau ; et lorsque le poids du jour sera tombé nous continuerons notre route, et dans un temps plus éloigné, nous nous rappellerons encore cet endroit enchanté et l'heure délicieuse que nous y avons passée.

S'il ne fallait pour être artiste que sentir vivement les beautés de la nature et de l'art, porter dans son sein un cœur tendre, avoir reçu une âme mobile au souffle le plus léger, être né celui que la vue ou la lecture d'une belle chose enivre, transporte, rend souverainement heureux, je m'écrierais en vous embrassant, en jetant mes bras autour du cou de Loutherbourg ou de Greuze : « Mes amis, *son pittor anch'io.* »

La couleur et la touche de Loutherbourg sont fortes ; mais, il faut l'avouer, elles n'ont ni la facilité ni toute la vérité de celles de Vernet. Cependant, a-t-on dit, s'il est un peu trop vert dans le paysage que vous venez de décrire, c'est peut-être qu'il a craint qu'en se dégradant sur un long espace il ne finît par être trop faible. Mais ceux qui parlent ainsi ne sont pas artistes.

Ce faire de Loutherbourg, de Casanove, de Chardin et de quelques autres, tant anciens que modernes, est long et pénible. Il faut à chaque coup de pinceau, ou plutôt de brosse ou de pouce, que l'artiste s'éloigne de sa toile pour juger de l'effet. De près l'ouvrage ne paraît qu'un tas informe de couleurs grossièrement appliquées. Rien n'est plus difficile que d'allier ce soin, ces détails, avec ce qu'on appelle la manière large. Si les coups de force s'isolent et se font sentir séparément, l'effet du tout est perdu. Quel art il faut pour éviter cet écueil ! Quel travail que celui d'introduire entre une infinité de chocs fiers et vigoureux une harmonie générale qui les lie et qui sauve l'ouvrage de la petitesse de forme ! Quelle multitude de dissonances visuelles à préparer et à adoucir ! Et puis, comment soutenir son génie, conserver sa chaleur pendant le cours d'un travail aussi long ? Ce genre heurté ne me déplaît pas.

Le jeune Loutherbourg est, à ce qu'on dit, d'une figure agréable ; il aime le plaisir, le faste et la parure, c'est presque un petit-maître. Il travaillait chez Casanove et n'était pas mal avec sa femme… Un beau jour il s'échappe de l'atelier de son maître et d'entre les bras de sa maîtresse ; il se présente à l'Académie avec vingt tableaux de la même force et se fait recevoir par acclamation.

Il a fait, tout en débutant, une cruelle niche à ce Casanove chez qui il travaillait ; parmi ses tableaux, il en a exposé un petit avec son nom, Loutherbourg, écrit sur le cadre en gros caractères ; c'est un sujet de bataille. C'est précisément comme s'il eût dit à tout le monde : « Messieurs, rappelez-vous ces morceaux de Casanove qui vous ont tant surpris il y a deux ans ; regardez bien celui-ci et jugez à qui appartient le mérite des autres. »

Ce petit tableau de bataille est entre deux paysages de la plus douce séduction. Ce n'est rien : des roches, des plantes, des eaux ; mais comme tout cela est fait ! Comme je les mettrais sous mon habit si l'on ne me regardait pas !

VERNET.

Que ne puis-je, pour un moment, ressusciter les peintres de la Grèce et ceux tant de Rome ancienne que de Rome nouvelle. et entendre ce qu'ils diraient des ouvrages de Vernet ! Il n'est presque pas possible d'en parler, il faut les voir.

Quelle immense variété de scènes et de figures ! quelles eaux ! quels cieux ! quelle vérité ! quelle magie ! quel effet !

S'il allume du feu, c'est à l'endroit où son éclat semblerait devoir éteindre le reste de la composition. La fumée se lève épaisse, se raréfie peu à peu, et va se perdre dans l'atmosphère à des distances immenses.

S'il projette des objets sur le cristal des mers, il sait l'en éteindre à la plus grande profondeur sans lui faire perdre ni sa couleur naturelle, ni sa transparence.

S'il y fait tomber la lumière, il sait l'en pénétrer ; on la voit trembler et frémir à sa surface.

S'il met des hommes en action, vous les voyez agir.

S'il répand des nuages dans l'air, comme ils y sont suspendus légèrement ! comme ils marchent au gré des vents ! quel espace entre eux et le firmament !

S'il élève un brouillard, la lumière en est affaiblie, et à son tour toute la masse vaporeuse en est empreinte et colorée. La lumière devient obscure et la vapeur devient lumineuse.

S'il suscite une tempête, vous entendez siffler les vents et mugir les flots ; vous les voyez s'élever contre les rochers et les blanchir de leur écume. Les matelots crient ; les flancs du bâtiment s'entr'ouvrent ; les uns se précipitent dans les eaux ; les autres, moribonds, sont étendus sur le rivage. Ici des spectateurs élèvent leurs mains aux cieux ; là une mère presse son enfant contre son sein ; d'autres s'exposent à périr pour sauver leurs amis ou leurs proches ; un mari tient entre ses bras sa femme à demi pâmée ; une mère pleure sur son enfant noyé ; cependant le vent applique ses vêtements contre son corps et vous en fait discerner les formes ; des marchandises se balancent sur les eaux, et des passagers sont entraînés au fond des gouffres.

C'est Vernet qui sait rassembler les orages, ouvrir les cataractes du ciel et inonder la terre ; c'est lui qui sait aussi, quand il lui plaît, dissiper la tempête et rendre le calme à la mer, la sérénité aux cieux. Alors toute la nature sortant comme du chaos, s'éclaire d'une manière enchanteresse et reprend tous ses charmes.

Comme ses jours sont sereins ! comme ses nuits sont tranquilles ! comme ses eaux sont transparentes ! C'est lui qui crée le silence, la fraîcheur et l'ombre dans les forêts. C'est lui qui ose sans crainte placer le soleil ou la lune dans son firmament. Il a volé à la nature son secret ; tout ce qu'elle produit, il peut le répéter.

Et comment ses compositions n'étonneraient-elles pas ? il embrasse un espace infini ; c'est toute l'étendue du ciel sous l'horizon le plus élevé, c'est la surface d'une mer, c'est une multitude d'hommes occupés du bonheur de la société, ce sont des édifices immenses et qu'il conduit à perte de vue.

91. LA NUIT PAR UN CLAIR DE LUNE [46].

Le tableau qu'on appelle son *Clair de lune* est un effort de l'art. C'est la nuit partout et c'est le jour partout ; ici, c'est l'astre de la nuit qui éclaire et qui colore ; là, ce sont des feux allumés ; ailleurs, c'est l'effet mélangé de ces deux lumières. Il a rendu en couleur les ténèbres visibles et palpables de Milton. Je ne vous parle pas de la manière dont il a fait frémir et jouer ce rayon de lumière sur la surface tremblante des eaux ; c'est un effet qui a frappé tout le monde.

89. VUE DU PORT DE ROCHEFORT, PRISE DU MAGASIN DES COLO-NIES.

Son *Port de Rochefort* est très-beau ; il fixe l'attention des artistes par l'ingratitude du sujet.

90. VUE DU PORT DE LA ROCHELLE, PRISE DE LA PETITE RIVE [47].

Le *Port de la Rochelle* est infiniment plus piquant. Voilà ce qu'on peut appeler un ciel ; voilà des eaux transparentes, et tous ces groupes, ce sont autant de petits tableaux vrais et caractéristiques du local ; les figures en sont du dessin le plus correct. Comme la touche en est spirituelle et légère ! Qui est-ce qui entend la perspective aérienne mieux que cet homme-là ?

Regardez le *Port de la Rochelle* avec une lunette qui embrasse le champ du tableau et qui exclue la bordure, et oubliant tout à coup que vous examinez un morceau de peinture, vous vous écrierez, comme si vous étiez placé au haut d'une montagne, spectateur de la nature même : « Oh ! le beau point de vue ! »

Et puis la fécondité de génie et la vitesse d'exécution de cet artiste sont inconcevables. Il eût employé deux ans à peindre un seul de ces morceaux qu'on n'en serait point surpris, et il y en a vingt de la même force. C'est l'univers montré sous toutes sortes de faces, à tous les points du jour, à toutes les lumières.

Je ne regarde pas toujours, j'écoute quelquefois. J'entendis un spectateur d'un de ces tableaux qui disait à son voisin : « Le Claude Lorrain me semble encore plus piquant… » et celui-ci qui lui répondait : « D'accord, mais il est moins vrai. »

Cette réponse ne me parut pas juste. Les deux artistes comparés sont également vrais ; mais le Lorrain a choisi des moments plus rares et des phénomènes plus extraordinaires.

Mais, me direz-vous, vous préférez donc le Lorrain à Vernet ? car quand on prend la plume ou le pinceau, ce n'est pas pour dire ou pour montrer une chose commune.

J'en conviens ; mais considérez que les grandes compositions de Vernet ne sont point d'une imagination libre, c'est un travail commandé, c'est un local qu'il faut rendre tel qu'il est, et remarquez que dans ces morceaux mêmes Vernet montre bien une autre tête, un autre talent que le Lorrain par la multitude incroyable d'actions, d'objets et de scènes particulières. L'un est un paysagiste, l'autre un peintre d'histoire et de la première force dans toutes les parties de la peinture.

92. LA BERGÈRE DES ALPES, SUJET TIRÉ DES CONTES MORAUX DE M. MARMONTEL.

Mme Geoffrin, femme célèbre à Paris, l'a fait exécuter. Je ne trouve ni le conte ni le tableau bien merveilleux. Les deux figures du peintre n'arrêtent ni n'intéressent. On se récrie beaucoup sur le paysage ; on prétend qu'il a toute l'horreur des Alpes vues de loin. Cela se peut, mais c'est une absurdité ; car pour les figures et pour moi qui m'assieds à côté d'elles, elles ne sont qu'à peu de distance ; nous touchons à la montagne qui est derrière nous, cette montagne est peinte dans la vérité d'une montagne voisine ; nous ne sommes séparés des Alpes que par une gorge étroite. Pourquoi donc ces Alpes sont-elles informes, sans détail distinct, verdâtres et nébuleuses ? Pour pallier l'ingratitude de son sujet, l'artiste s'est épuisé sur un grand arbre qui occupe toute la partie gauche de sa composition ; il s'agissait bien de cela ! C'est qu'il ne faut rien commander à un artiste, et quand on veut avoir un beau tableau de sa façon, il faut lui dire : « Faites-moi

un tableau et choisissez le sujet qui vous conviendra… » Encore se-
rait-il plus sûr et plus court d'en prendre un tout fait.

Mais un tableau médiocre au milieu de tant de chefs-d'œuvre ne
saurait nuire à la réputation d'un artiste, et la France peut se vanter
de son Vernet à aussi juste titre que la Grèce de son Apelle et de son
Zeuxis, et que l'Italie de ses Raphaël, de ses Corrége et de ses Carraches. C'est vraiment un peintre étonnant.

Le Bas et Cochin gravent de concert ses ports de mer ; mais Le
Bas est un libertin qui ne cherche que de l'argent, et Cochin est un
homme de bonne compagnie qui fait des plaisanteries, des soupers
agréables, et qui néglige son talent.

Il y a à Avignon un certain Balechou, assez mauvais sujet, qui court
la même carrière et qui les écrase.

DESPORTES.

C'est un peintre de fruits et une des victimes de Chardin.

PERRONNEAU [48].

Ce peintre marchait autrefois sur les pas de La Tour. On lui accorde
de la force et de la fierté de pinceau. Il me semble qu'on n'en parle
plus.

ROSLIN ET VALADE.

C'est un assez bon portraitiste pour le siècle. Je parle de Roslin, car
je ne connais point Valade [49].

Le premier a peint la *Comtesse d'Egmont*, fille du maréchal de
Richelieu. Le portrait est soigné ; sa robe ne fait pas trop mal le satin. Les chairs sont un peu blanches, le front l'est beaucoup trop, les
yeux sont durs, mais peut-être ressemblent-ils. La main qui pose sur
la robe est bien coloriée. En général, le tout a l'air blanc ; c'est qu'on
a visé à l'éclat et à l'effet.

GUÉRIN ET ROLAND DE LA PORTE.

Je ne connais point le premier, et âme qui vive ne vous en parlera.

Quant à Roland de la Porte, c'est une autre victime de Chardin.

Le peuple s'est extasié à la vue d'un bas-relief représentant une tête d'empereur et peint avec sa bordure sur un fond qui représente une planche. Le bas-relief en paraît absolument détaché ; cela est d'un effet surprenant et le peuple est fait pour en être ébahi ; il ignore combien cette sorte d'illusion est facile. On promène dans nos foires de province des morceaux en ce genre, peints par de jeunes barbouilleurs d'Allemagne, qu'on a pour un écu et qui ne le cèdent guère à celui-ci [50].

Madame VIEN.

Cette femme peint à merveille les oiseaux, les insectes et les fleurs. Elle est juste dans les formes et vraie dans l'exécution ; elle sait même réchauffer des sujets assez froids. Ici, c'est un *Émouchet qui terrasse un petit oiseau* ; là, *Deux Pigeons qui se baisent* [51]. Si elle suspend par les pattes un oiseau mort, elle en détachera quelques plumes qui seront tombées à terre et sur lesquelles on serait tenté de souffler pour les écarter. Ses bouquets sont ajustés avec élégance et goût.

J'aimerais bien autant un portefeuille d'oiseaux, de chenilles et d'autres insectes de sa main, que ces objets en nature rassemblés sous des verres dans mon cabinet.

DROUAIS ET VOIRIOT.

Drouais peint bien les petits enfants ; il leur met dans les yeux de la vie, de la transparence, et l'humide, et le gras, et le nageant qui y est ; ils semblent vous regarder et vous sourire même de près ; seulement, à force de leur vouloir faire des chairs blanches et laiteuses, il les fait de craie.

Vous souvenez-vous de son polisson du dernier Salon, de sa chevelure ébouriffée, de son chapeau clabaud et de son air espiègle ? La *Petite fille qui Joue avec son chat* (n° 117) qu'elle a enveloppé dans un des coins de son mantelet, mérite l'attention par sa vie, sa mignardise et l'élégance de son ajustement.

Denis Diderot

Je ne sais ce que c'est que Voiriot ni ses portraits.

BAUDOUIN.

148. UN PRÊTRE CATÉCHISANT DE JEUNES FILLES [52].

Il y a dans ce morceau, qui n'est du reste qu'un papier d'éventail, quelques physionomies d'esprit. Ces lettres d'amour données et rendues, et autres pareils incidents, ne sont pas mal imaginés.

Parmi ses autres ouvrages en miniature, il y a une *Phryné accusée d'impiété devant les Aréopagites*.

C'est un très-beau sujet traité d'une manière faible et commune, et malgré cela je jure que l'ouvrage n'est pas tout de lui. Monsieur Boucher, vous n'en conviendrez pas, mais de temps en temps vous avez arraché le pinceau de la main de votre pauvre gendre ? Allons, vous rougissez, n'en parlons plus. Il y a quelques têtes de juges qui ne sont pas mal. L'ordonnance pèche, ce me semble, en ce que l'effet demandait que l'accusée et l'orateur fussent isolés du reste. L'orateur n'est pas mauvais ; mais qu'il est loin de la grandeur, de l'enthousiasme, de la chaleur et de tout le caractère d'un Périclès ou d'un Démosthène qui eût parlé pour sa maîtresse ! Le caractère de la Phryné est faux et petit ; elle craint, elle a honte, elle tremble, elle a peur. Celle qui ose braver les dieux ne doit pas craindre de mourir. Je l'aurais faite grande, droite, intrépide, telle à peu près que Tacite nous montre la femme d'un général gaulois passant avec noblesse, fièrement et les yeux baissés, entre les files des soldats romains. On l'aurait vue de la tête aux pieds lorsque l'orateur eût écarté le voile qui couvrait sa tête ; on aurait vu ses belles épaules, ses beaux bras, sa belle gorge, et par son attitude je l'aurais fait concourir à l'action de l'orateur au moment où il disait aux juges : « Vous qui êtes assis comme les vengeurs des dieux offensés, voyez cette femme qu'ils se sont complu à former, et, si vous l'osez, détruisez leur plus bel ouvrage. »

Le visage de sa Phryné a le ton léché, faible et pointillé de ses miniatures, ce qui prouve qu'il a fait ses miniatures.

GREUZE.

C'est vraiment là mon homme que ce Greuze. Oubliant pour un

moment ses petites compositions, qui me fourniront des choses agréables à lui dire, j'en viens tout de suite à son tableau de la *Piété filiale*, qu'on intitulerait mieux : *De la récompense de la bonne éducation donnée* [53].

D'abord le genre me plaît ; c'est la peinture morale. Quoi donc ! le pinceau n'a-t-il pas été assez et trop longtemps consacré à la débauche et au vice ? Ne devons-nous pas être satisfaits de le voir concourir enfin avec la poésie dramatique à nous toucher, à nous instruire, à nous corriger et à nous inviter à la vertu ? Courage, mon ami Greuze, fais de la morale en peinture, et fais-en toujours comme cela ! Lorsque tu seras au moment de quitter la vie, il n'y aura aucune de tes compositions que tu ne puisses te rappeler avec plaisir. Que n'étais-tu à côté de cette jeune fille qui, regardant la tête de ton *Paralytique*, s'écria avec une vivacité charmante : « Ah ! mon Dieu, comme il me touche ! mais si je le regarde encore, je crois que je vais pleurer. » Et que cette jeune fille n'était-elle la mienne ! je l'aurais reconnue à ce mouvement. Lorsque je vis ce vieillard éloquent et pathétique, je sentis comme elle mon âme s'attendrir et des pleurs prêts à tomber de mes yeux.

Ce tableau a 4 pieds 6 pouces de large sur 3 pieds de haut.

Le principal personnage, celui qui occupe le milieu de la scène et qui fixe l'attention, est un vieillard paralytique étendu dans son fauteuil, la tête appuyée sur un traversin et les pieds sur un tabouret. Il est habillé ; ses jambes malades sont enveloppées d'une couverture. Il est entouré de ses enfants et de ses petits-enfants, la plupart empressés à le servir. Sa belle tête est d'un caractère si touchant, il paraît si sensible aux services qu'on lui rend, il a tant de peine à parler, sa voix est si faible, ses regards si tendres, son teint si pâle, qu'il faut être sans entrailles pour ne pas les sentir remuer.

À sa droite, une de ses filles est occupée à relever sa tête et son traversin.

Devant lui, du même côté, son gendre vient lui présenter des aliments. Ce gendre écoute ce que son beau-père lui dit, et il a l'air tout à fait touché.

À gauche, de l'autre côté, un jeune garçon lui apporte à boire. Il faut voir la douleur et toute la figure de celui-ci ; sa peine n'est pas seulement sur son visage, elle est dans ses jambes, elle est partout.

De derrière le fauteuil du vieillard sort une petite tête d'enfant. Il s'avance, il voudrait bien aussi entendre son grand-papa, le voir et le servir. Les enfants sont officieux. On voit ses petits doigts sur le haut du fauteuil.

Un autre plus âgé est à ses pieds et arrange sa couverture.

Devant lui, un tout à fait jeune s'est glissé entre lui et son gendre et lui présente un chardonneret. Comme il tient l'oiseau ! comme il l'offre ! Il croit que cela va guérir le grand-papa.

Plus loin, à droite du vieillard, est sa fille mariée. Elle écoute avec joie ce que son père dit à son mari. Elle est assise sur un tabouret, elle a la tête appuyée sur sa main ; elle a sur ses genoux l'Écriture sainte. Elle a suspendu la lecture qu'elle faisait au bonhomme.

À côté de la fille est sa mère et l'épouse du paralytique ; elle est aussi assise sur une chaise de paille. Elle recousait une chemise. Je suis sûr qu'elle a l'ouïe dure, elle a cessé son ouvrage, elle avance de côté sa tête pour entendre.

Du même côté, tout à fait à l'extrémité du tableau, une servante, qui était à ses fonctions, prête aussi l'oreille.

Tout est rapporté au principal personnage, et ce qu'on fait dans le moment présent et ce qu'on faisait dans le moment précédent.

Il n'y a pas jusqu'au fond qui ne rappelle les soins qu'on prend du vieillard. C'est un grand drap suspendu sur une corde et qui sèche ; ce drap est très-bien imaginé, et pour le sujet du tableau et pour l'effet de l'art. On se doute bien que le peintre n'a pas manqué de le peindre largement.

Chacun ici a précisément le degré d'intérêt qui convient à l'âge et au caractère. Le nombre des personnages rassemblés dans un assez petit espace est fort grand ; cependant ils y sont sans confusion, car ce maître excelle surtout à ordonner sa scène. La couleur des chairs est vraie ; les étoffes sont bien soignées ; point de gêne dans les mouvements ; chacun est à ce qu'il fait. Les enfants les plus jeunes sont gais, parce qu'ils ne sont pas encore dans l'âge où l'on sent. La commisération s'annonce fortement dans les plus grands. Le gendre paraît le plus touché, parce que c'est lui que le malade adresse ses discours et ses regards. La fille mariée paraît écouter plutôt avec plaisir qu'avec douleur. L'intérêt est sinon éteint, du moins presque insensible dans la vieille mère, et cela est tout à fait dans la nature : *Jam proximus ardet Ucalegon*, elle ne peut plus se promettre d'autre consolation que la même tendresse de la part de ses enfants pour un temps qui n'est pas loin. Et puis l'âge, qui endurcit les fibres, dessèche l'âme.

Il y en a qui disent que le paralytique est trop renversé et qu'il est impossible de manger en cette position. Il ne mange pas, il parle, et l'on est prêt à lui relever la tête.

Que c'était à sa fille de lui présenter à manger et à son gendre à relever sa tête et son traversin, parce que l'un demande de l'adresse et l'autre de la force. Cette observation n'est pas si fondée qu'elle le paraît d'abord. Le peintre a voulu que son paralytique reçût un secours marqué de celui de qui il était le moins en droit de l'attendre ; cela justifie le bon choix qu'il a fait pour sa fille ; c'est la vraie cause de l'attendrissement de son visage, de son regard et du discours qu'il lui tient. Déplacer ce personnage, c'eût été changer le sujet du tableau ; mettre la fille à la place du gendre, c'eût été renverser toute la composition : il y aurait eu quatre têtes de femme de suite, et l'enfilade de toutes ces têtes aurait été insupportable.

Ils disent aussi que cette attention de tous les personnages n'est pas naturelle ; qu'il fallait en occuper quelques-uns du bonhomme et laisser les autres à leurs fonctions particulières ; que la scène en eût été plus simple et plus vraie, et que c'est ainsi que la chose s'est passée, qu'ils en sont sûrs… Ces gens-là *faciunt ut nimis intelligendo nihil intelligant.* Le moment qu'ils demandent est un moment commun, sans intérêt ; celui que le peintre a choisi est particulier ; par hasard il arriva ce jour-là que ce fut son gendre qui lui apporta des aliments, et le bonhomme, touché, lui en témoigna sa gratitude d'une manière si vive, si pénétrée, qu'elle suspendit les occupations et fixa l'attention de toute la famille.

On dit encore que le vieillard est moribond et qu'il a le visage d'un agonisant… Le docteur Gatti [54] dit que ces critiques-là n'ont jamais vu de malades, et que celui-là a bien encore trois ans à vivre.

Que sa fille mariée, qui suspend la lecture, manque d'expression ou n'a pas celle qu'elle devrait avoir… Je suis un peu de cet avis.

Que les bras de cette figure, d'ailleurs charmante, sont raides, secs, mal peints et sans détails… Oh ! pour cela, rien n'est plus vrai.

Que le traversin est tout neuf, et qu'il serait plus naturel qu'il eût déjà servi… Cela se peut.

Que cet artiste est sans fécondité, et que toutes les têtes de cette scène sont les mêmes que celles de son tableau des *Fiançailles*, et celles de ses *Fiançailles* les mêmes que celles de son *Paysan qui fait la lecture à ses enfants*… D'accord ; mais si le peintre l'a voulu ainsi ? s'il a suivi l'histoire de la même famille ?

Que… Et que mille diables emportent les critiques et moi tout le premier ! Ce tableau est beau et très-beau, et malheur à celui qui peut le considérer un moment de sang-froid ! Le caractère du vieillard est unique ; le caractère du gendre est unique ; l'enfant qui apporte à boire, unique ; la vieille femme, unique. De quelque côté qu'on porte ses yeux, on est enchanté. Le fond, les couvertures, les vêtements sont du plus grand fini. Et puis cet homme dessine comme un ange. Sa couleur est belle et forte, quoique ce ne soit pas encore celle de Chardin pourtant. Encore une fois, ce tableau est beau, ou il n'y en eut jamais. Aussi appelle-t-il les spectateurs en foule ; on ne peut en approcher. On le voit avec transport, et quand on le revoit, on trouve qu'on avait eu raison d'en être transporté.

Il serait bien surprenant que cet artiste n'excellât pas. Il a de l'esprit et de la sensibilité ; il est enthousiaste de son art ; il fait des études sans fin ; il n'épargne ni soins ni dépenses pour avoir les modèles qui lui conviennent. Rencontre-t-il une tête qui le frappe, il se mettrait volontiers aux genoux du porteur de cette tête pour l'attirer dans son atelier. Il est sans cesse observateur dans les rues, dans les églises, dans les marchés, dans les spectacles, dans les promenades, dans les assemblées publiques. Médite-t-il un sujet : il en est obsédé, suivi partout. Son caractère même s'en ressent ; il prend celui de son tableau : il est brusque, doux, insinuant, caustique, galant, triste, gai, froid, chaud, sérieux ou fou, selon la chose qu'il projette.

Outre le génie de son art qu'on ne lui refusera pas, on voit encore qu'il est spirituel dans le choix et la convenance des accessoires. Dans le tableau du *Paysan qui lit l'Écriture sainte à sa famille*, il avait placé dans un coin à terre un petit enfant qui, pour se désennuyer, faisait les cornes à un chien. Dans ses *Fiançailles*, il avait amené une poule avec toute sa couvée. Dans celui-ci, il a placé à côté du garçon qui apporte à boire à son père infirme une grosse chienne debout qui a le nez en l'air, et que ses petits tettent toute droite ; sans parler de ce drap qu'il a étendu sur une corde et qui fait le fond de son tableau.

On lui reprochait de peindre un peu gris ; il s'est bien corrigé de ce défaut. Quoi qu'on en dise, Greuze est mon peintre.

128. PORTRAIT DE MONSIEUR LE DUC DE CHARTRES.

Je n'aime pas ce portrait ; il est froid et sans grâce.

129. PORTRAIT DE MADEMOISELLE [55].

Je n'aime pas ce portrait ; il est gris et cette enfant est souffrante. Il y a pourtant dans celui-ci des détails charmants, comme le petit chien, etc.

130. PORTRAIT DE MONSIEUR LE COMTE DE LUPÉ.

Il est dur.

132. PORTRAIT DE MADEMOISELLE DE PANGE.

On loue beaucoup celui-ci, et en effet il est mieux : mais ses cheveux sont métalliques. C'est aussi le défaut de la tête d'un *Petit Paysan* [56] dont les cheveux mats et jaunes sont de cuivre. Du reste, pour l'habit, le caractère et la couleur, c'est l'ouvrage d'un habile homme.

Mais je laisse là tous ces portraits pour courir à celui de sa femme.

133. PORTRAIT DE MADAME GREUZE.

Je jure que ce portrait est un chef-d'œuvre qui, un jour à venir, n'aura point de prix. Comme elle est coiffée ! Que ces cheveux châtains sont vrais ! Que ce ruban qui serre la tête fait bien ! Que cette longue tresse qu'elle relève d'une main sur ses épaules et qui tourne plusieurs fois autour de son bras, est belle ! Voilà des cheveux, pour le coup ! Il faut voir le soin et la vérité dont le dedans de cette main et les plis de ces doigts sont peints. Quelle finesse et quelle variété de teintes sur ce front ! On reproche à ce visage son sérieux et sa gravité ; mais n'est-ce pas là le caractère d'une femme grosse qui sent la dignité, le péril et l'importance de son état ? Que ne lui reproche-t-on aussi ces traits rougeâtres qu'elle a aux angles des yeux ? Que ne lui reproche-t-on aussi ce teint jaunâtre sur les tempes et vers le front, cette gorge qui s'appesantit, ces membres qui s'affaissent et ce ventre qui commence à se relever ? Ce portrait tue tous ceux qui l'environnent. La délicatesse avec laquelle le bas de ce visage est touché et l'ombre du menton portée sur le cou est inconcevable. On serait tenté de passer sa main sur ce menton, si l'austérité de la personne n'arrêtait et l'éloge et la main. L'ajustement est simple ; c'est celui d'une femme le matin dans sa chambre à coucher : un petit tablier de taffetas noir sur une robe de satin blanc. Mettez l'escalier entre ce portrait et vous,

Denis Diderot

regardez-le avec une lunette, et vous verrez la nature même ; je vous défie de me nier que cette figure ne vous regarde et ne vive.

Ah ! monsieur Greuze, que vous êtes différent de vous-même lorsque c'est la tendresse ou l'intérêt qui guide votre pinceau ! Peignez votre femme, votre maîtresse, votre père, votre mère, vos enfants, vos amis, mais je vous conseille de renvoyer les autres à Roslin ou à Michel Van Loo.

BRENET [57].

150. L'ADORATION DES ROIS [58].

On regardait certainement son *Adoration des Rois* ; elle est faible de couleur, mais il y a de l'harmonie ; l'enfant est joli ; la figure de la Vierge n'est du moins empruntée de personne ; les mages ne sont ni sans effet ni sans caractère. Mais, monsieur Brenet, on vous a joué un cruel tour en plaçant votre morceau en face du *Mariage de la Vierge* de Deshays ; vous n'étiez pas en état de soutenir la comparaison. Ce grand prêtre et cette Vierge vous tuent d'un bout du Salon à l'autre. Consolez-vous pourtant, vous n'aurez pas toujours ce fâcheux vis-à-vis.

151. SAINT DENIS PRÈS D'ÊTRE MARTYRISÉ [59].

Votre *Martyre de saint Denis* montre que vous avez quelque talent. Il est peint chaudement. Votre saint est bien résigné ; il est déjà dans les cieux.

Ce bourreau qui le lie a de l'effet, trop peut-être, puisqu'il divise l'attention. Vos licteurs sont faibles de couleur, froids et un peu raides. Mais comme, heureusement pour vous, il n'y a là ni le *Saint Victor*, ni le *Saint André*, ni le *Saint Benoît* de Deshays, ces têtes coupées qui ensanglantent la scène nous paraissent fortes et bien.

BELLANGÉ [60].

Peintre de légumes, de fleurs, de fruits, et victime de Chardin.

DE MACHY.

De cinq tableaux que cet artiste a exposés : l'*Intérieur de l'église de la Madeleine*, le *Péristyle du Louvre* vu du côté de la rue Fromenteau et éclairé par une lampe, les deux *Ruines* (à gouache) de la *foire Saint-Germain incendiée*, l'*Installation de la statue de Louis XV*, les quatre premiers ne sont pas sans mérite.

Je ne fais aucun cas des ouvrages où l'on est sûr de réussir en se conformant aux règles ; c'est le mérite non de l'artiste, mais des règles. Telles sont la plupart des perspectives. Ce que je priserai donc dans le morceau de l'*Église de la Madeleine*, ce n'est pas l'architecture : l'éloge, si elle en mérite, appartient à M. Contant [61] ; ce n'est pas la perspective : c'est l'affaire d'Euclide. Qu'est-ce donc ? C'est l'effet de la lumière, c'est l'art de rendre l'air pour ainsi dire sensible. Cette vapeur légère qui règne dans les grands édifices est telle qu'on la remarque dans ce morceau de de Machy.

Celui des *Ruines de la foire Saint-Germain*, où le peintre a choisi le moment qui succède au danger, où les braises ardentes éclairent les débris de l'édifice et les lieux circonvoisins ; où les hommes épuisés se reposent de leurs fatigues et se remettent de leur effroi ; où les uns sont spectateurs oisifs et les autres éteignent dans une mare d'eau des poutres, des solives à demi consumées ; où chacun travaille à reconnaître ses effets entassés pêle-mêle ; cette ruine, dis-je, a de l'effet. J'ai vu quelques incendies, et je me souviens très-bien d'y avoir vu cette lueur rougeâtre, forte et réverbérée au loin. La dégradation pouvait peut-être s'en faire d'une manière plus proportionnée aux distances ; mais il faut avouer qu'ici le centre de lumière est immense et l'espace étroit et renfermé. Les petites figures répandues autour de l'édifice, soit oisives, soit occupées, sont fort bien. En tout, ce morceau n'est pas à mépriser.

Celui qui représente l'incendie éteint et l'édifice consumé lui est bien inférieur. Je n'en parlerais pas sans un incident singulier que l'artiste a rappelé dans son tableau. Il y avait cette année à la foire un marchand de bosses ; tous ses meubles furent consumés, tous ses plâtres mis en pièces ; il n'y eut que le groupe de l'*Amour et l'Amitié* qui resta intact au milieu des flammes et de la chute des murs et des poutres, des toits, en un mot de la dévastation générale qui s'étendit de tous côtés autour de leur piédestal sans en approcher. Mon ami, sacrifions à l'amour et à l'amitié.

Denis Diderot

DOYEN.

Voici une grande composition, et d'un homme qui effraya nos premiers peintres par la hardiesse et le succès de ses tentatives. C'était le *Jugement d'Appuis Claudius*, scène immense : *Diomède qui blesse Vénus*, autre scène immense ; *Une Bacchanale*, sujet d'ivresse exécuté avec force et chaleur. Je vous ai dit dans le temps [62] ce que j'en pensais, et ce soldat renversé de son cheval abattu, percé d'un dard, et dont le sang descendant le long de la crinière du cheval, allait teindre les eaux du Xante, m'est encore présent. Ah ! si le reste eût été composé et exécuté de la même vigueur !

Cette fois-ci il a voulu nous montrer *Andromaque éplorée devant Ulysse, qui fait arracher de ses bras son fils Astyanax, et qui a ordonné qu'on les précipitât du haut des murs d'Ilion* [63].

Le moment qu'il a choisi est celui où Ulysse marque de la main le haut de la tour et où l'on arrache l'enfant à sa mère.

On voit à droite une troupe de soldats ; Ulysse est devant eux et il marque de la main le haut de la tour.

Ici la composition s'interrompt et laisse un grand vide au milieu du tableau.

Après ce vide, la première figure qu'on aperçoit sur la gauche, vers un des angles du tombeau d'Hector, est belle, très-belle ; c'est une des suivantes d'Andromaque, agenouillée, les bras élevés vers le ciel, les mains jointes, le visage tout couvert de sa longue chevelure.

Ensuite c'est un soldat qui s'est saisi d'Astyanax, qu'il tient entre ses bras. L'enfant est tourné et penché vers sa mère.

Andromaque est prosternée aux pieds du soldat et semble plutôt supplier que disputer son enfant. Sa tête répond aux cuisses du soldat. Elle a les bras étendus, le corps incliné et la tête relevée ; son vêtement, son caractère, son attitude sont nobles et pathétiques.

Derrière Andromaque, un soldat empêche une des suivantes d'Andromaque d'approcher de sa maîtresse et de l'enfant ; cette suivante s'arrache les cheveux et elle est renversée sur une autre qui se tord les bras.

Toute cette partie de la scène, composée avec chaleur, se passe au-devant du tombeau, qui forme une belle et grande masse.

Un soldat, courbé sur le haut du mur latéral et postérieur du tombeau [64], regarde s'il n'y reste rien.

La douleur de ces suivantes est forte ; elles sont bien renversées, bien groupées. Rien de mieux imaginé que ce soldat qui les écarte.

Je l'ai déjà dit, le peintre a voulu faire une Andromaque qui fût belle d'action, de caractère, de draperie et d'attitude, et il y a réussi.

Mais je demande si c'est à un soldat, qui n'est que l'instrument de son général, que son mouvement et sa prière doivent s'adresser ? Qu'a-t-elle à obtenir de lui si Ulysse reste inflexible ? Qu'elle ne quitte pas son enfant, j'y consens, mais qu'elle parle à Ulysse, que ce soit à ce prince qu'elle montre sa peine, son désespoir et ses larmes. Or, c'est ce qu'elle ne fait point et ce qu'elle ne saurait faire, car elle ne le voit pas : ce soldat mal placé l'en empêche.

Et ce vide énorme qui sépare Ulysse de la scène et qui le relègue à une distance choquante ? Il coupe la composition en deux parties dont on ferait deux tableaux distincts : l'une à conserver précieusement ; l'autre à jeter au feu, car elle est détestable.

Cet Ulysse droit, raide, froid, sans caractère, a été pris dans la boutique d'un vannier. C'est une figure à garder pour la procession du Suisse de la rue aux Ours [65].

Et ces maussades et longs soldats à face de cuivre rouge et à têtes de choux, que signifient-ils ? que disent-ils ? quelle expression, quelle physionomie ont-ils ? S'ils sont là pour remplir, ils s'en acquittent très-exactement.

Si Doyen eût montré son ébauche à un homme de sens, voici ce que cet homme lui aurait dit :

Écartez-moi ces soldats les uns des autres et donnez-leur plus de caractère, plus de force, des têtes, des corps et des visages relatifs à l'action.

Laissez entre eux et leur général un peu d'espace, parce que cela convient ; il faut qu'ils l'accompagnent, mais il ne faut pas qu'ils soient sur ses épaules.

Changez-moi cet Ulysse, c'est un Ulysse d'osier. Si vous ne connaissez pas cet éloquent, impérieux et adroit scélérat, lisez Homère et Virgile jusqu'à ce que les idées de ces deux grands poètes, fermentant dans votre imagination, vous aient donné la vraie physionomie de ce personnage.

Faites-lui faire un pas de plus, afin de diminuer ce vide énorme qui coupe en deux votre composition. Que votre scène soit une. Plus près d'Andromaque, elle pourra lui parler, il pourra l'entendre.

Repoussez-moi vers le fond ce soldat qui s'est saisi de l'enfant ; qu'il ne cache pas à sa mère celui à qui elle doit adresser son désespoir.

Laissez votre Andromaque prosternée comme elle l'est, car elle est très-bien ; qu'elle saisisse seulement d'une main son fils ou le soldat, comme il vous plaira ; que son autre bras, sa tête, son corps, ses regards, son mouvement, toute son action, soient portés vers Ulysse, comme il arrivera, sans y rien changer, lorsque vous aurez écarté ce soldat.

Votre Astyanax est de bois. Qu'il ait ses deux petits bras étendus vers sa mère, et faites qu'il réponde à sa douleur. Cela fait, tout sera ensemble, et votre scène sera une, forte et raisonnée. Surtout laissez dire ces imbéciles qui trouvent étrange que les suivantes paraissent plus affligées que la mère. Il faut que chacun marque sa passion d'une manière convenable à son rang et à son caractère. Renvoyez-moi ces gens-là à l'endroit où notre poëte fait dire à un monarque sur le point d'abandonner au couteau d'un prêtre sa propre fille :

Andromaque est mère, mais elle est fille de souverain, souveraine elle-même et femme d'Hector. Tant que son fils est sous ses yeux, il lui reste de l'espoir. Ses suivantes ne peuvent rien, elles le savent ; ce qu'elles ont à faire, c'est de joindre à l'action de leur maîtresse tout le spectacle de leur douleur. Et puis elles sont bien plus certaines qu'Andromaque qu'elles ne verront plus ce cher enfant qu'elles ont élevé.

Mais, monsieur Doyen, vous avez abandonné votre première manière de colorier ; jamais, sans le livret, je ne vous aurais reconnu dans ce tableau. Prenez garde qu'à force de passer d'un faire à un autre, vous ne finissiez par en avoir un indécis et commun, qui soit à tout le monde, excepté à vous.

Il se fait tard ; adieu, monsieur Doyen, je vous souhaite une bonne nuit. À revoir au Salon prochain.

CASANOVE.

Ah ! monsieur Casanove, qu'est devenu votre talent ? Votre touche n'est plus fière comme elle était, votre coloris est moins vigoureux, votre dessin est devenu tout à fait incorrect. Combien vous avez perdu depuis que le jeune Loutherbourg vous a quitté !

125. UN COMBAT DE CAVALERIE [66].

Oui, il y a toujours du mouvement dans cette bataille. Voilà bien vos chevaux, je les reconnais ; ces hommes blessés, morts ou mourants, ce tumulte, ce feu, cette obscurité, toutes ces scènes militaires et terribles sont de vous. Ce soldat s'élance bien ; celui-là frappe à merveille ; cet autre tombe on ne peut mieux ; mais cela n'est plus hors de la toile, la chaleur du pinceau s'est évanouie…

On dit que Casanove tenait, depuis cinq à six ans, renfermé dans une maison de campagne un jeune peintre appelé Loutherbourg qui finissait ses tableaux, et peu s'en faut que la chose ne soit démontrée.

Les tableaux que Casanove a exposés dans ce Salon sont fort inférieurs à ceux du Salon précédent. Le pouce de Loutherbourg y manque, je veux dire cette manière de faire longue, pénible, forte et hardie, qui consiste à placer des épaisseurs de couleurs sur d'autres qui semblent percer à travers et qui leur servent comme de réserves.

M. FAVRAY [67].

CHEVALIER DE MALTE, ACADÉMICIEN

Il y a de lui une copie de *l'Intérieur de l'église de Saint-Jean de Malte, ornée de plafonds peints par le Calabrése ; les ornements, les décollations et la cérémonie de la fête de la Victoire* [68]. — C'est un morceau d'un travail immense. Je louerai, si l'on veut, la patience de l'artiste ; pour son génie, certes, s'il en eût eu une étincelle, il aurait fait autre chose.

Je ne sais s'il fallait recevoir à l'Académie M. Favray pour sa copie de l'*Église de Saint-Jean de Malte* ; mais reçu, il eût fallu l'en exclure pour sa *Famille maltaise*, pour ses *Femmes maltaises de différents états*, et pour *celles qui se font visite* [69]. Cela est misérable.

PARROCEL.

127. LA SAINTE TRINITÉ [70].

Que diable faire de la sainte Trinité, à moins qu'on ne soit un Raphaël ?

Denis Diderot

Dans le tableau de Parrocel, on voit à gauche un Christ tenant sa croix, fiché, droit et raide comme s'il était empalé.

À droite, un Père éternel qui se précipite et qui ferait certainement une chute fâcheuse, sans les anges obligeants qui le retiennent.

Au milieu et plus haut, le pigeon radieux, objet très-intéressant !

Et puis une guirlande de têtes, de pieds, d'ailes et de mains de chérubins et de séraphins qui descend jusqu'au bas de la toile.

Quand j'ai regardé ce morceau, que j'y ai aperçu quelque dessin, un peu de couleur, un grand travail, et que je me suis dit : Cela est détestable, j'ai ajouté tout de suite : Ah ! que l'art de peindre est un art difficile !

SCULPTURE.

Si j'ai été long sur les peintres, en revanche je serai court sur les sculpteurs, et je n'aurai pas un mot à dire de nos graveurs.

FALCONET.

Ô la chose précieuse que ce petit groupe de Falconet ! Voilà le morceau que j'aurais dans mon cabinet, si je me piquais d'avoir un cabinet. Ne vaudrait-il pas mieux sacrifier tout d'un coup ? ... Mais laissons cela. Nos amateurs sont des gens à breloques ; ils aiment mieux garnir leurs cabinets de vingt morceaux médiocres que d'en avoir un seul et beau.

Le groupe précieux dont je veux vous parler, il est assez inutile de vous dire que c'est le *Pygmalion aux pieds de sa statue qui s'anime* (n° 165). Il n'y a que celui-là au Salon, et de longtemps il n'aura de second.

La nature et les Grâces ont disposé de l'attitude de la statue. Ses bras tombent mollement à ses côtés ; ses yeux viennent de s'entr'ouvrir ; sa tête est un peu inclinée vers la terre ou plutôt vers Pygmalion qui est à ses pieds ; la vie se décèle en elle par un souris léger qui effleure sa lèvre supérieure. Quelle innocence elle a ! Elle est à sa première pensée : son cœur commence à s'émouvoir, mais il ne tardera pas à lui palpiter. Quelles mains ! quelle mollesse de chair ! Non, ce n'est pas du marbre ; appuyez-y votre doigt, et la matière qui a perdu sa dureté cédera à votre impression. Combien de vérité sur ces côtes ! quels pieds ! qu'ils sont doux et délicats !

Un petit Amour a saisi une des mains de la statue qu'il ne baise pas, qu'il dévore. Quelle vivacité ! quelle ardeur ! Combien de malice dans la tête de cet Amour ! Petit perfide, je te reconnais ; puissé-je pour mon bonheur ne te plus rencontrer.

Un genou en terre, l'autre levé, les mains serrées fortement l'une dans l'autre, Pygmalion est devant son ouvrage et le regarde ; il cherche dans les yeux de sa statue la confirmation du prodige que les dieux lui ont promis. Ô le beau visage que le sien ! Falconet ! comment as-tu fait pour mettre dans un morceau de pierre blanche la surprise, la joie et l'amour fondus ensemble ? Émule des dieux, s'ils ont animé la statue, tu en as renouvelé le miracle en animant le statuaire. Viens, que je t'embrasse ; mais crains que, coupable du crime de Prométhée, un vautour ne t'attende aussi.

Toute belle que soit la figure de Pygmalion, on pouvait la trouver avec du talent ; mais on n'imagine point la tête de la statue sans génie.

Le faire du groupe entier est admirable. C'est une matière une dont le statuaire a tiré trois sortes de chairs différentes. Celles de la statue ne sont point celles de l'enfant, ni celles-ci les chairs du Pygmalion.

Ce morceau de sculpture est très-parfait. Cependant, au premier coup d'œil, le cou de la statue me parut un peu fort ou sa tête un peu faible ; les gens de l'art ont confirmé mon jugement. Oh ! que la condition d'un artiste est malheureuse ! Que les critiques sont impitoyables et plats ! Si ce groupe enfoui sous la terre pendant quelques milliers d'années venait d'en être tiré avec le nom de Phidias en grec, brisé, mutilé dans les pieds, dans les bras, je le regarderais en admiration et en silence.

En méditant ce sujet, j'en ai imaginé une autre composition que voici :

Je laisse la statue telle qu'elle est, excepté que je demande de droite à gauche son action exactement la même qu'elle est de gauche à droite.

Je conserve au Pygmalion son expression et son caractère, mais je le place à gauche : il a entrevu dans sa statue les premiers signes de vie. Il était alors accroupi ; il se relève lentement, jusqu'à ce qu'il puisse atteindre à la place du cœur. Il y pose légèrement le clos de sa main gauche, il cherche si le cœur bat ; cependant ses yeux attachés sur ceux de sa statue attendent qu'ils s'entr'ouvrent. Ce n'est plus alors la main droite de la statue, mais la gauche que le petit Amour dévore.

Il me semble que ma pensée est plus neuve, plus rare, plus énergique que celle de Falconet. Mes figures seraient encore mieux groupées que les siennes, elles se toucheraient. Je dis que Pygmalion se lèverait lentement ; si les mouvements de la surprise sont prompts et rapides, ils sont ici contenus et tempérés par la crainte ou de se tromper, ou de mille accidents qui pourraient faire manquer le miracle. Pygmalion tiendrait son ciseau de la main droite et le serrerait fortement ; l'admiration embrasse et serre sans réflexion ou la chose qu'elle admire ou celle qu'elle tient.

ADAM [71].

Le *Prométhée* qu'Adam a attaché à un rocher et qu'un aigle déchire est un morceau de force dont je ne me sens pas capable de juger. Qui est-ce qui a jamais vu la nature dans cet état ? Qui sait si ces muscles se gonflent ou se contractent avec précision ? si c'est là le cours réel de ces veines enflées ? Qu'on porte ce morceau chez l'exécuteur de la justice ou chez Ferrein l'anatomiste, et qu'ils prononcent.

VASSÉ.

166. UNE FEMME COUCHÉE SUR UN SOCLE CARRÉ, PLEURANT SUR UNE URNE QU'ELLE COUVRE DE SA DRAPERIE [72].

Cette femme est une belle chose. Girardon n'a pas mieux fait au tombeau du cardinal de Richelieu. Sa douleur est profonde ; on s'attendrit en la regardant. Que ce visage est attristé ! la sérénité n'y reparaîtra de longtemps. Toute la position est simple et vraie, les bras bien placés, la draperie belle, la partie supérieure du corps penchée avec grâce ; point de gêne, point de contorsion ; il semble qu'à sa place on ne prendrait pas une autre attitude. Pour bien juger de l'ajustement d'un homme ou d'une femme, c'est aussi une règle assez sûre que de les transporter sur la toile.

Je vous ai invité d'aller voir les deux tableaux du *Martyre de saint Gervais et de saint Protais* peints par Le Sueur. Il y a dans la même église un tombeau exécuté par Girardon ; c'est, je crois, celui du chancelier Séguier [73]. Ne manquez pas d'y regarder une *Piété* qui s'attendrit et se console à la vue d'un Christ qu'elle tient entre ses mains. Que le temps qui a noirci cette figure ne vous en dérobe pas la perfection : voyez son attitude, son expression, sa draperie, ses chairs, ses pieds, ses mains ; comparez l'ouvrage de Vassé avec celui-là. Je sais par expérience que ces sortes de comparaisons avancent infiniment dans la connaissance de l'art.

MIGNOT.

Il n'y a rien cette année de Mignot, cet artiste qui exposa au dernier Salon une *Bacchante endormie* que nos statuaires placèrent d'une voix unanime au rang des antiques.

À propos de ce Mignot, on m'a révélé une manœuvre des sculpteurs. Savez-vous ce qu'ils font ? Ils prennent sur un modèle vivant les pieds, les mains, les épaules en plâtre ; le creux de ce plâtre leur rend les mêmes parties en relief, et ces parties, ils les emploient ensuite dans leurs compositions tout comme elles sont venues. C'est un moyen d'approcher de la vérité de la nature sans beaucoup d'effort ; ce n'est plus à la vérité le mérite d'un statuaire habile, mais celui d'un fondeur ordinaire. On a soupçonné cette ruse sur des finesses de détails supérieurs à la patience la plus longue et à l'étude de la nature la plus minutieuse.

CHALLE.

Il y a une *Vierge* [74] de Challe qui est noble et vraie ; mais elle a des lèvres plates, des joues plates, en un mot, ce que nous appelons un visage plat, qui est autre chose qu'un plat visage.

Il y a à côté de ces morceaux de sculpture un grand nombre de bustes ; mais je ne me résoudrai jamais à vous entretenir de ces hommes de boue qui se sont fait représenter en marbre. J'en excepte le *Buste du Roi* [75], celui du *prince de Condé* [76], celui de *Mme la comtesse de Brionne* [77], ceux de *La Tour* [78], le peintre, et du poëte *Piron* [79]. Celui-ci est placé vis-à-vis du mauvais tableau de Pierre sur lequel vous jugeriez, à son air moqueur et au coin de sa lèvre relevé, qu'il fait une épigramme ; il est ressemblant, mais il a une perruque énorme.

De tous les ouvrages de gravure il n'y a que ceux de Wille qui se soient fait remarquer. Cet artiste, Hessois de nation, est le premier graveur de l'Académie [80].

TAPISSERIE.

Finissons par le *Portrait du Roi* [81] exécuté en tapisserie à la manufacture des Gobelins, sur le tableau de Michel Van Loo. Quelques centaines de spectateurs sont sortis du Salon convaincus qu'ils avaient vu un morceau de peinture.

Mon ami, il n'est guère moins difficile de faire prendre des laines pour de la couleur que de la couleur pour des chairs, et je ne crois pas qu'il y ait quelque chose dans toute l'Europe qui puisse lutter contre nos ouvrages des Gobelins.

Voilà, mon ami, tout ce que j'ai vu au Salon. Je vous l'écris au courant de la plume. Corrigez, réformez, allongez, raccourcissez, j'approuve tout ce que vous ferez. Je puis m'être trompé dans mes jugements soit par défaut de connaissance, soit par défaut de goût, mais je proteste que je ne connais aucun des artistes dont j'ai parlé autrement que par leurs ouvrages, et qu'il n'y a pas un mot dans ces feuilles que la haine et la flatterie aient dicté. J'ai senti, et j'ai dit comme je sentais. La seule partialité dont je ne me sois pas garanti, c'est celle qu'on a tout naturellement pour certains sujets ou pour certains faires.

Vous aurez sans doute remarqué comme moi que, quoique le Salon de cette année offrît beaucoup de belles productions, il y en avait une multitude de médiocres et de misérables, et, qu'à tout prendre, il était moins riche que le précédent ; que ceux qui étaient bons sont restés bons ; qu'à l'exception de La Grenée, ceux qui étaient médiocres sont encore médiocres, et que les mauvais ne valent pas mieux qu'autrefois.

Et surtout souvenez-vous que c'est pour mon ami et non pour le public que j'écris. Oui, j'aimerais mieux perdre un doigt que de contrister d'honnêtes gens qui se sont épuisés de fatigue pour nous plaire. Parce qu'un tableau n'aura pas fait notre admiration, faut-il qu'il devienne la honte et le supplice de l'artiste ? S'il est bon d'avoir de la sévérité pour l'ouvrage, il est mieux encore de ménager la fortune et le bonheur de l'ouvrier. Qu'un morceau de toile soit barbouillé ou qu'un cube de marbre soit gâté, qu'est-ce que cette perte en comparaison du soupir amer qui s'échappe du cœur de l'homme affligé ? Voilà de ces fautes qui ne mériteront jamais la correction publique.

Réservons notre fouet pour les méchants, les fous dangereux, les ingrats, les hypocrites, les concussionnaires, les tyrans, les fanatiques et les autres fléaux du genre humain ; mais que notre amour pour les arts et les lettres et pour ceux qui les cultivent soit aussi vrai et aussi inaltérable que notre amitié.

Notes

1.   Ce tableau est pour la Pologne. (Livret.)

2.   Il appartenait à M. le marquis de Marigny. Il a été vendu 1,600 livres à sa vente en 1781.

3.   Le Jeune Élève du Salon précédent.

4.   Il était destine à être exécuté en tapisserie à la manufacture des Gobelins.

5.   Destiné, ainsi que le suivant, pour l'église des Feuillants de la rue Saint-Honoré.

6.   Tableau de 7 pieds de hauteur sur 5 de largeur.

7.   Tableau cintré de 2 pieds de haut sur 1 pied de large.

8.   N'est point au livret.

9.   Maison de correction.

10.   Tableau de 2 pieds 6 pouces de largeur sur 2 pieds de hauteur. Il a été gravé par Levasseur. N° 11.

11.   Tableau de 5 pieds 1 pouce de largeur sur 4 pieds 10 pouces de hauteur.

12.   Deux tableaux de 1 pied 8 pouces de haut sur 1 pied 6 pouces de large. N° 17.

13.   Tableau de 8 pieds de largeur sur 7 pieds 6 pouces de hauteur.

14.   Ces deux derniers tableaux étaient des esquisses. Nos 21 et 22.

15.   Tableau destine à être exécuté en tapisserie à la manufacture des Gobelins.

16.   La gravure de ce dernier tableau a été publiée dans l'Histoire des Peintres de M. Charles Diane.

17.   Cette composition a été faite sur le récit d'un tableau trouvé à Herculanum, et que l'on voit dans le cabinet du roi des Deux-Siciles, à Portici. Ce tableau antique a été grave depuis dans le IIIe

volume des Peintures de cette ville, pl. VIII. On est en état de remarquer les différences qui se trouvent entre ces deux compositions. (Note du Livret.)

18.   Tableau de 5 pieds de large sur 4 pieds de haut.

19.   Tableau de même grandeur que le précédent, vendu à la vente même du peintre en 1814.

20.   Tableau ovale.

21.   Dessin de 2 pieds 3 pouces de long sur 1 pied 10 pouces de large.

22.   Dessin de même grandeur que le précédent.

23.   Dessin d'environ 18 pouces sur 12.

24.   Dessin de même grandeur que le précédent.

25.   La Vierge prépare les aliments de l'enfant Jésus, tableau de 18 pouces sur 14. N° 34. — Autre Vierge de 11 pouces sur 10. N° 35.

26.   Voir le Salon de 1759.

27.   Saint André.

28.   Remarquer la contradiction, au moins apparente, qui existe entre ce point de vue et celui auquel Diderot s'est placé, deux ans plus tard, dans l'Essai sur la peinture.

29.   Tableau de 4 pieds 6 pouces sur 5 pieds 4 pouces.

30.   N'est pas au livret.

31.   Le tableau de Le Sueur, sous ce titre, est actuellement au Louvre (n° 520) ; il a été gravé par Gérard Audran et par Baquoy. Le second, qui était dans l'église Saint-Gervais, et qui représentait la flagellation des deux martyrs, avait été seulement dessiné par Le Sueur et peint par Goussey.

32.   Tableau de 8 pieds 10 pouces de hauteur sur 9 pieds 5 pouces de largeur.

33.   Tableau de mêmes dimensions que le précédent.

34.   Tableau de 5 pieds 3 pouces de largeur sur 3 pieds 10 pouces de hauteur. N° 51.

35.   Deux tableaux de chacun 4 pieds 6 pouces de largeur sur 3 pieds 10 pouces de hauteur. N° 52.

36.   Ces deux tableaux de mêmes dimensions : 6 pieds de haut sur 5 de large.

37.   Tableau de 5 pieds de haut sur 6 de large.

Notes

38.   Ce tableau paraît être le n° 175 de la collection Lacaze, au Louvre. N° 62 du livret ; il appartenait alors à M. Le Moyne, sculpteur du roi.

39.   Les renseignements manquent sur cet artiste. Siret cite un Nicolas Venevault, miniaturiste, né à Dijon en 1712, dont il fixe la mort à 1753. Peut-être faut-il lire 1773. Le nôtre était académicien en 1763 et exposait encore en 1771.

40.   On a vu plus haut ce que Diderot dit du tableau de Pierre. Celui de Boizot était de 4 pieds de haut sur 3 de large. N° 71.

41.   Ces trois derniers tableaux étaient de mêmes dimensions : 20 pouces de haut sur 16 de large. Nos 72, 73, 74.

42.   Ces trois tableaux de Bachelier, de grande dimension, étaient destinés à décorer la salle du Dépôt des Affaires étrangères, à Versailles.

43.   Tableau de 4 pieds 6 pouces de haut sur 3 pieds 6 pouces de large. N° 79.

44.   On rapporte cependant que Louis XV ne fut pas si bénévole que le croit Diderot, et que, pour ramener La Tour au sentiment des distances, il répondit à son observation : « Vous oubliez celles de Vernet. » Il est possible que Louis XV, qui avait de l'esprit, ait trouvé cette répartie ; mais il est aussi fort possible qu'on la lui ait prêtée après coup, et pour ne point laisser la majesté royale muette devant l'observation d'un simple particulier.

45.   Philippe-Jacques Loutherbourg, ou Lutherburg, dit le Jeune, né à Strasbourg en 1740, élève de son père et de Casanova, fut reçu agréé en 1763 et académicien en 1768. Il mourut à Londres en 1812. Cet artiste gravait habilement. Il a reproduit à l'eau-forte quatre petits paysages exposés à ce Salon de 1763 et représentant les quatre heures du jour. — Le Louvre ne possède point d'œuvre de Loutherbourg ; ses catalogues de peinture ne mentionnent pas même son nom. — Diderot intervertit ici l'ordre du livret. Loutherbourg n'y paraît que le dernier.

46.   Ce tableau faisait partie d'une série de quatre, ordonnée par le Dauphin, pour sa Bibliothèque, à Versailles. Les quatre parties du jour y étaient représentées :

Le Matin, par le lever du soleil ;

Le Midi, par une tempête ;

Le Soir, par le coucher du soleil ;

La Nuit, par un clair de lune.

47.　Cette vue et la précédente, faisant partie de la Suite des ports de France, sont actuellement au musée du Louvre, sous les nos 605, 604.

48.　Jean-Baptiste Perroneau, peintre et graveur, né à Paris en 1715 (?), fut élève de Natoire et de Laurent Cars. Agréé comme pastelliste en 1746, il fut reçu académicien en 1753. On croit qu'il mourut en 1783 à Amsterdam.

49.　Jean Valade, né à Poitiers en 1709, reçu à l'Académie en 17ai, mort en 1787. — Il avait, à ce Salon, plusieurs portraits, entre autres celui de M. Loriot, ingénieur mécanicien, inventeur d'un procédé de fixation du pastel. Le portrait avait été fixé par moitié par son procédé.

50.　Diderot avait été moins dur pour Roland de la Porte dans le Salon de 1761. Ce sont ces divergences d'appréciation qui l'ont fait accuser de se laisser guider par les artistes ses amis qui l'accompagnaient dans ses tournées au Salon. On peut supposer qu'en 1763 l'accompagnateur était Chardin.

51.　C'étaient des tableaux en miniature, d'environ 1 pied carré.

52.　Tableau à gouasse, dit simplement le livret.

53.　Ce tableau, désigné dans le livret de 1703 sous le nom de la Piété filiale, est connu sous le nom du Paralytique. Il est aujourd'hui en Russie et fait partie de la collection de l'Ermitage, où, grâce aux Salons de Diderot, l'école française de la dernière moitié du XVIIIe siècle se trouve mieux représentée qu'elle ne l'était, il y a peu d'années, dans notre musée du Louvre. Ajoutons que le classement adopté en 1848, et surtout l'excellent catalogue de l'école française publié depuis par M. Villot, contribuent maintenant à faire apprécier comme elles le méritent les peintures et les sculptures du XVIIIe siècle, dont une grande partie avait, sous la déplorable influence de l'école de l'empire, été reléguée dans les caves et dans les greniers du Louvre et de Versailles. (Note de M. Walferdin.) — N° 140.

54.　Le docteur Gatti était alors à Paris. Nous le retrouverons dans la Correspondance de Diderot.

55.　Ces deux portraits étaient sur la même toile, de 3 pieds de hauteur sur 2 pieds pouces de largeur.

56.   Du cabinet de M. Mariette, dit le livret. (N° 135.)

57.   Nicolas-Guy Brenet, né à Paris en 1728, agréé en 1763, académicien en 1769, mourut en 1792.

58.   Tableau de 12 pieds 3 pouces de hauteur sur 7 pieds 10 pouces de largeur.

59.   Tableau de 11 pieds de haut sur 6 pieds 3 pouces de large, destiné à l'église de Saint-Denis, à Argenteuil.

60.   Michel-Bruno Bellangé, Bellanger (au livret de 1763), ou plutôt Bellengé, était agréé depuis 1762, il fut académicien en 1764. Il était né à Rouen vers 1726 et y mourut le 12 décembre 1793.

61.   Architecte du roi, auquel étaient dus les plans de l'église projetée.

62.   Voyez Salons de 1759 et de 1761.

63.   Ce tableau, de 21 pieds de large sur 12 pieds de haut, appartient à l'Infant Don Philippe, duc de Parme et de Guastalla. (Note du Livret.) N° 120.

64.   C'est dans le tombeau d'Hector, on le sait, qu'Andromaque avait caché son fils unique Astyanax et qu'Ulysse le découvrit.

65.   Jusqu'à la Révolution, le 3 juillet, on brûlait, rue aux Ours, devant une statue appelée Notre-Dame de la Carole, le mannequin d'un soldat suisse, en souvenir d'une légende qui disait que, sous Charles VI, un soldat de cette nation, ayant frappé de son épée cette statue, le sang avait jailli des blessures qu'il lui avait faites.

66.   Tableau accepté par l'Académie pour la réception de l'auteur.

67.   Le chevalier Antoine de Favray, né en 1706, fut emmené par son professeur François de Troy fils à Malte, où il devint chevalier de l'ordre. Il fut reçu à l'Académie en 1762. Cette Vue de Saint-Jean de Malte fut le tableau de réception du peintre. Favray mourut, paraîtrait-il, en 1791, à Malte.

68.   Tableau de 6 pieds de haut sur 5 de large, du cabinet de M. le chevalier de Caumartin. N° 121.

69.   Ce dernier tableau figure au Louvre sous le n° 193.

70.   Tableau de 11 pieds de hauteur sur 6 pieds 7 pouces de largeur.

71.   Nicolas-Sébastien Adam, né à Nancy en 1705, fut académicien en 1762 et mourut en 1778. Ce Prométhée fut son morceau de réception ; il appartient actuellement au musée du Louvre (galerie

des sculptures des temps modernes, n° 288).

72.   Figure faisant partie du tombeau de la princesse de Galit-
zin.

73.   Il est assez difficile ici de s'entendre. Si Diderot nous renvoie à l'église Saint-Gervais, nous n'y trouvons pas le tombeau du
chancelier Séguier, mais celui du chancelier Michel Le Tellier. Il n'y
aurait que demi-mal si ce tombeau, ou tout au moins la figure de la
Piété, était de Girardon, mais le monument est l'œuvre de Mazeline
et d'Hurtrelle. Si le critique a seulement en vue la statue, abstraction
faite de l'auteur, nous pouvons accorder qu'elle mérite tous les éloges
qu'il lui donne.

74.   Appartenant à M. Duphiet, chanoine de Notre-Dame.

75.   Par Le Moyne.

76.   Par Caffieri.

77.   Par Le Moyne.

78.   Par Le Moyne.

79.   Par Caffieri.

80.   Il avait exposé la Liseuse, d'après Gérard Dow, et le Jeune
Joueur d'instrument, d'après Schalken.

81.   Voyez la note sur ce portrait, Salon de 1761, p. 91.

Notes

ISBN : 978-1546937838